广西高校人文社会科学重点研究基地"民族地区文化建设与社会治理研究中心"基金资助课题（2017YJJD0008）

2014年肇庆学院西江特色文化研究开放性课题"西江流域的水文化"阶段性成果

西江水韵

XIJIANG SHUIYUN

谭志坚　王易萍　编　著

西南交通大学出版社
·成　都·

图书在版编目（CIP）数据

西江水韵 / 谭志坚，王易萍编著. —成都：西南
交通大学出版社，2019.5
ISBN 978-7-5643-6854-8

Ⅰ. ①西… Ⅱ. ①谭… ②王… Ⅲ. ①地方文化 – 研
究 – 江西 Ⅳ. ①G127.56

中国版本图书馆 CIP 数据核字（2019）第 080409 号

西江水韵

谭志坚　王易萍　编著

责 任 编 辑　　张慧敏
封 面 设 计　　阎冰洁

出 版 发 行　　西南交通大学出版社
　　　　　　　（四川省成都市金牛区二环路北一段 111 号
　　　　　　　西南交通大学创新大厦 21 楼）
发行部电话　　028-87600564　　028-87600533
邮 政 编 码　　610031
网　　　址　　http://www.xnjdcbs.com
印　　　刷　　四川煤田地质制图印刷厂
成 品 尺 寸　　170 mm×230 mm
印　　　张　　8.75
字　　　数　　130 千
版　　　次　　2019 年 5 月第 1 版
印　　　次　　2019 年 5 月第 1 次
书　　　号　　ISBN 978-7-5643-6854-8
定　　　价　　45.00 元

序　言

　　西江，古代又称郁水、浪水、牂牁江，发源于云南，流经贵州、广西两地，在广东三水与东江、北江交汇后注入南海。西江全长 2214 千米，是中国第二大水系珠江水系的主干流之一。西江干流及沿途支流、源泉、湖泊构成西江水系。西江水系及其集水区内的地理元素统称西江流域。流域总面积为 30.49 万平方千米，主要的集水面积在广西境内。西江干流各段的名称并不相同，从云南源头沾益区至贵州省望谟县蔗香村段称南盘江，之下至广西象州县石龙镇段与北盘江汇合后称红水河，此为上游段；石龙镇三江口与柳江汇合至桂平市段称黔江，桂平市与郁江汇合至梧州市段称浔江，此为中游段；梧州市与桂江汇合至佛山市三水区思贤滘段称西江，是为下游段。虽同属于西江水系，但水系范围广，不同的流段呈现出不同的文化特征，大致可分为以下的文化区域：上游的红水河与左右江、中游的桂东与粤西地区、下游的粤东地区。

　　西江流域内河流众多，共汇集 50 平方千米以上流域面积的河流 833 条，主要有左岸支流柳江、蒙江、桂江、贺江，右岸支流郁江和北流江等，其水利、水力等资源丰富，充足供应了沿岸各地的农业灌溉、发电、河运等生产与生活用水。沿岸设有梧州港、江门港、容奇港、肇庆港等大小数十个内河港口。西江的航运量仅次于长江，居全国第二，自古就是两广水上运输的大动脉和连接西南与华南的黄金水道，承接了西南各省资源的流通和外运，为流域地区的物资交流和经济发展发挥了不可替代的重要作用。西江各支流相沟通，上通黔江、红水河、南盘江，下达西江、珠江而注入南海，自古就是东西横向的西南地域出海通道，同时也是南北纵向的中原与荆湘之地的出海通道，由湘江、灵渠、漓江、桂江、西江进北部湾入海至东南亚，是海上稻米、瓷器、丝绸之路。纵横两条出海通道造就了西江流域地区的区位优势。由此，2008 年广西提出打造西江"亿吨黄金水道"的重大战略，并在此基础上建设形成西江经济带，促进东中西区域协调发展，突显了公共性、可持续性的自然资源具有整合区域经济发展的核心作用。2014 年，国务院发布《国务院关于珠江-西江经济带发展规划的批复》，同意珠江-西江经济带的发展规划，从而使得西江经济的发展上升为国家战略。

西江流域水资源丰富的另一个重要原因在于频繁的降雨带来丰沛的雨量。流域内大部分地区属于亚热带气候，平均年降水量高达 1470 毫米，并且主要集中在 4 至 9 月。雨季时流域内各河流水位相应升高，尤其在 6、7 月份，达到最高值。这一特殊的地理生态也使流域内频发洪涝等自然灾害。

作为一种自然资源，水总是与人类文明和地方文化的产生与形成紧密相连。人类文明逐水而生，河流附近往往就是人类文明的发源地，历史上众多的文明遗址为此提供了很好的例证。尤其是四大文明古国，无一不是在大型河川的附近，它们都发端于水草丰美之地。作为人类生存最基本和最必需的资源，水为人类提供了饮用、灌溉及运输等多方面的便利。因此，人们往往首先选择在容易生存的水源附近聚居，逐渐形成聚落，并产生文明。

西江流域以云贵高原及山区为源头，中下游多为水道众多的低地，古代的百越民族与当地的生态环境交互作用，创造出与水有着密切关系的独特的文化类型——稻作文化、多吃水产、习水便舟、居住干栏、文身断发、龙蛇崇拜等。繁多的文化特征在现代西江流域文化系统中仍多有影响。流域内民族众多，共有 50 多个民族，除汉族外，以壮、苗、布依、毛南等族为主。这些民族与古代的百越具有族源关系，其民俗等均呈现了流域文化特征。丰水的环境也影响了族群分布、建筑特色、地方经济、习俗信仰、公共活动、地方灾害等。

其一，在陆路交通不发达的传统社会，众多的河流自然成为最便捷的运输通道，并通过繁荣的水上运输带动地方经济的发展。西江流域河流众多，便捷的航运首先带来商品的流通和流域经济的繁荣，并因此使地方社会因市场网络体系的形成而具有一定的区位优势。尤其在近代，西江流域的多个市镇因航运优势而开埠通商，成为繁荣的口岸市场，进而跃升为地方性的经济中心。其二，河流勾连流域内外，商品的快速流通与贸易活动的繁荣同时也提升和增加了各文化传播交流与碰撞融合的强度与频率，从而形成了流域文化在整体上的开放性、冒险性及重商精神等特征。其三，丰沛的水资源与近水的自然环境影响到流域内族群风俗文化的形成，其风俗习惯往往留下"水"的印迹。其中的特殊族群——水上居民（疍民）及其文化尤为出色。流域内众多的河流为他们提供了必要的生存空间，其族群的日常生活几乎都与水相关。如滨水的生活造就了他们"涉游刺舟"的本领，并形成了"以舟为室，浮家泛宅"的居住模式，以及以渔业为主的生计模式等。其四，在丰水地区，尤其是在河流湖泊、水井池塘等水资源汇集之处，包括渡口码头、河堤街道等处，通常因人员往来频繁而成为人们聊天、交换信息、联络情感的场所，因此常常成为重要的地方公共活动空间。西江流域的众多码头、渡口等往往由此而成为市镇的中心。其五，丰水的环境造就了西江流域人们的亲水情节。流域沿岸的居民因长年与水打交道，与水有一种天然的亲近感，水性好。游泳、划船等是其基本的技能，水上运动具有天然优势。传统体育形式尤以扒龙舟为盛。其六，流域内的建筑受地理环境的影响，呈现明显的地域特色。西江流域沿江的建筑通常因地处低水位，易受洪水侵袭，又因地处潮湿，故多为竹木构架的干栏式住房，地层架空，放置杂物或饲养禽畜，上层住人。其七，西江流域的地方信仰也与水相关，水神众多，主要有官方祭典中的龙母、真武大帝等主神，由历史人物演化而来的水神（屈原、马援等）以及地方河神、江神等，各类神灵相互杂糅组成多元的信仰体系。并且，水在西江流域地区民众的过渡仪式中承担了媒介作用及其他不可或缺的象征性功能，由此而具有独特的文化隐喻，从而对民众的水观念与用水习俗产生深刻影响。最后，丰富的水资源给流域社会带来繁荣的水上经济，也带来了频繁的洪涝灾害，地方民众因此形成了应对水灾的传统经验和地方性知识，构建了独特的水观念及灾害观。

目　录

第一章　水与西江流域的经济发展

珠江水系河道众多，其主要干流有西江、北江和东江，其中西江以其长度、流域面积、流量均居首位。西江干流河道总长 2074.8 千米（佛山市三水区思贤滘以上），流域面积 35 万多平方千米，占珠江全流域的 78%，径流总量则占全流域的 72%。作为中国生物资源丰富的大江，西江水量丰富，冬季不结冰，支流众多而且分布面广，因而航运、渔业尤有优势。自梧州向上，汽船溯桂江可达桂林；溯红水河可达来宾和云贵；溯柳江可达柳州和贵州；溯郁江可达贵港、南宁，再往上可达右江的百色和云贵，可达左江的龙州，甚至越南。西接云贵、贯穿广西、东连粤港澳，成就了西江作为我国重要的通航河流的"黄金水道"的美誉。明清时期，西江水系从一脉单纯的天然河流，培育了具有重要意义的"黄金经济走廊"。由于地缘亲近、语言相近、文化传统与生活习俗高度近似，历史上往来频繁，两广的经济与社会发展有着紧密的联系，形成"你中有我"的发展态势。

第一节　水与西江渔业

一、西江流域渔业简介

西江流域水网密布，渔业具有天然优势，尤其是西江梧州江段到肇庆段的下游主干区。主干区地处亚热带，年平均气温和水温在 22 ℃ 左右，年均降雨量在 1500～1650 毫米。长 217 千米的河段区域内气候温和，阳光充足，河宽水深，经济鱼类种类繁多。相对于整个珠江流域来说，该区域渔业资源较丰富，水域生态环境较完整，是重要的渔业种质资源和渔业生产区域。长 217 千米的河段区域集中了大量渔民，有专业捕捞人员约 7000 人，渔船 4000 余艘，年捕捞量达万余吨。产卵场较多，有德庆罗旁产卵场、封开青皮塘产卵场、桂平东塔鱼类产卵场等。

西江的捕捞业历史悠久，根据调查资料统计，渔具种类有刺网、钓具、笼壶、耙刺、张网、拖网、数网、掩罩、地拉网 9 个类别。历年渔获统计的资料表明，西江渔获以底层鱼类为主，产量较高的为鲮、鲤、赤眼鳟和广东鲂，其他有青鱼、黄尾密鲴、卷口鱼、斑鳠、舌鰕、倒刺鲃、南方白甲鱼、花鳛和唇鱼等。

西江渔具种类多，最常见的有矮仔网、黑鲩网、鳊鱼网、鳎沙网、三黎网、鱼笼、虾笼、钓仔、罟、抛网等十余种。西江的不同河段所用渔具略有不同，如干流与广西相接处，江段水急河窄，不适于大型渔具作业，以刺、钓、笼壶、掩网、敷网类渔具为主。云浮、高要江段河面较宽，除运用常见渔具外，还有拖曳和地拉网具。与北江交汇处的三水、四会江段，渔具渔法种类繁多，除传统渔具外，还有特种渔具跳白船等。三榕峡和羚羊峡，水深流急，卷口鱼、斑鳠、唇鱼等名贵鱼类多，需采用刺网、掩罩类渔具捕捉。接近珠江三角洲的西江江段，鲥、花鲢、舌鳎等溯河性鱼类鱼群比较集中，捕获量大，捕捉的季节性强，渔具适宜用刺网，冬季用企门缯（张网）捕捞。

除成鱼外，西江盛产鲮、鳙、鲢、青鱼、草鱼等鱼苗，每年春夏期间的洪水季节，江水上涨，大批种鱼溯河至广西上游产卵，经自然孵化后，随流而下，形成鱼苗旺季。西江鱼苗在 20 世纪 50 至 80 年代曾畅销国内外，最高产量达 50 亿尾，近来产量仍有 10 亿~20 亿尾。鱼苗捕捞，广东以封开、郁南、德庆、云浮、高要为主，广西以梧州长洲为主。装捕鱼苗的渔具及方法种类繁多，在下文"顺德、南海的桑基鱼塘"中有详细介绍。

西江区域的河流生态环境良好，流量充足、水质优良、水深适宜，渔业生态功能比较完整，有鱼类产卵场、洄游通道、河贝产卵与育肥场等，渔业发展相对稳定，但目前西江水域生态环境的变化对当地的渔业发展影响不小。一是水上工程或拦河筑坝使鱼类洄游的天然通道被阻断，一些溯河性洄游鱼类不能到达上游产卵、育肥，另一些降河性洄游鱼类不能到达下游或进入海洋。拦河蓄水使急流型的河流变得相对静止，坝前成为水库型水域生态环境，坝后河流流速变缓慢，削弱了鱼类的繁殖能力。需要一定流速才能产卵的鱼类（四大家鱼）因水流缓慢而影响到产卵受精的完成。而且，拦坝后下游水位降低，可能导致海水上溯。二是江河挖沙船破坏了河床生态环境，河床破坏严重，底部的水生生物失去了良好的生存环境，一些以河底水生生物为食的鱼类面临食物短缺以及食物链断裂的局面。河沙被挖，河床留下大窟窿，渔民的作业网具常被卡住或损坏。三是水质污染。沿江工业废水和生活污水大量排入江中，造成江河局部深度污染，对渔业资源和水域生态环境造成严重破坏，西江渔业资源明显下降。为缓解这一危机，沿江渔政部门开展了一系列渔业综合管理措施，如保护区建设、人工增殖放流、控制捕捞量、网具管理等，有效减缓了渔业资源的衰退速度。

二、顺德、南海的桑基鱼塘

珠三角平原地区，地势低洼、水网密布，洪涝水患严重，不适合传统的稻作农业，当地人将难以利用的积水洼地开挖改造为水塘养殖，塘基上种植桑树、甘蔗、果树或蔬菜等，创造出一种独特的基塘农业生产模式，至今已有 600 余年的历史。这一模式将水产养殖和基塘栽植结合形成种养一体的生态循环系统，"基种桑、桑养蚕、蚕养鱼、鱼肥桑"，具有积蓄水分和养分、抵御洪涝、物质循环利用等多种功能。整齐如棋枰的基塘还具有美化景观、旅游观光等隐性经济效益，为现代生态农业的可持续发展提供有利的借鉴。基塘农业模式在西江下游的广东顺德、南海等地的分布最为集中，中游的长洲地区也有规模分布。18 世纪 30 年代至 19 世纪末，两次掀起的"弃田筑塘，废稻树桑"热潮使南海九江成为"境内无稻田，仰籴于外"的纯桑塘区，南海龙山"民舍外皆塘"。顺德的桑基面积在光绪年间曾达到 30 万亩以上，形成"人与鱼共命，鱼与谷争秋"的生态美景。在国际生丝市场的大规模需求下，桑基鱼塘的快速发展，推动了明清珠江三角洲的经济发展。

在珠三角地区，基塘农业经营历史最悠久、技术最成熟的当属南海九江。明末清初，九江已形成连片的桑基鱼塘，鱼苗养殖十分兴盛，并垄断了西江的鱼苗捕捞和养殖等技术。以桑基鱼塘与堤围为主组建成当地的人工河网，既是低洼平原地区应对洪涝灾害的技术选择，也是兼具养殖、灌溉、排水、航运等综合功能的庞大水利系统。屈大均描述过："广州诸大县村落中，往往弃肥田以为基，以树果木。……基下为池以蓄鱼，岁暮涸之，至春以播稻秧，大者数十亩。其筑海为池者，辄以顷计。九江乡以养鱼苗……""九江之地如棋枰，周回三十余里，其黑脉者，堤也，方罫者，池塘也。"这一低洼平原地区的土地利用模式，与九江的地理特点密切相关。濒临西江的特殊水环境常常带来严重的水患。"九江为西江孔道"，人们在地势相对较高的山丘筑堤围以御西江洪水。至宋元时期，较大规模的江防工程——桑园围形成了。围堤能把西江主流拦挡在堤外，但随江而下的泥沙在出海口处淤积成供人们开发利用的河田，从而影响西江水流出海不畅，水患更甚，有排涝功能的桑基鱼塘便成为最适宜的开发模式。

相比传统农业的水稻种植而言，桑基鱼塘的经济效益几倍于前者。珠江三角洲地区气候温暖，土地低平肥沃，种桑一年可采叶八九次，为"广蚕岁七熟，闰则八熟"提供充足的饲料，年产蚕丝量高。当时1亩（1亩≈666.67平方米）基水地养蚕养鱼的产值约相当于3亩水稻的价值。在日渐突出的人多田少的矛盾下，种桑养鱼成为缓解这一压力的优化选择。"将洼地挖深，泥复四周为基，中凹下为塘，基六塘四，基种桑，塘畜鱼，桑叶饲蚕，蚕屎饲鱼，两利俱全，十倍禾稼。"因此，在当地还流传着"一担桑叶一担米""一船丝出，一船银归""九江估产，鱼种为先，左手数鱼，右手收钱"等民谚。

除自然环境和经济效益、国际市场等因素的影响外，桑基鱼塘的开发还有更为深层的社会历史因素。其一是与当地强盛的宗族势力分不开。强大的宗族势力促进了"弃田筑塘，废稻树桑"热潮的兴起和大规模桑基鱼塘的兴修。宗族组织成为基塘系统修筑的重要组织力量。尤其是沙田的开发，就与当地拥有雄厚财力、物力的强大宗族密切相关。宗族经济实力雄厚，为族田"弃田筑塘，废稻树桑"的改造提供充足的资金。族田为全宗族共同占有，宗族对宗族成员有着强大的动员能力和组织能力，为族田改造提供足够的劳动力和管理人员。族田改造成基塘的风险可由宗族集体分摊和弱化。

其二，"一田二主"的土地占有制度为基塘农业的土地开发与经营提供了便利。"一田二主"制，是指同一块土地有两个或两个以上的"所有权"，其中一个人享有征租权，即田底权或田骨权，是政府的田赋单上的"所有者"，是大租主、大苗主或骨主；另一个人掌握土地的使用权，即享有田面权或田皮权、永佃权，给前者定期交纳地租，是小租主、小税主、小苗主、皮主、赔主或赔户等。其使用权是持久的，可以继承和转让。前者不得随意剥夺后者的使用权，这样有利于后者对土地进行长时期的投资和扩大经营。在国际生丝市场需求的刺激下，种桑养蚕有利可图，"田皮权"保障了农户对桑基鱼塘改造的顺利完成。而田底权和田面权的自由转让，为桑基鱼塘的修建及较长的获利周期拓宽了投资途径。佃农通过"典当"田面权获得必要的资金投入，富人通过购买田面权或田底权后进行投资。土地的所有权和使用权既能分离也能被同一人占有，灵活的产权关系有利于桑基鱼塘生产效率的提高。

其三是租赁制的推动作用。清代珠江三角洲基塘地区的租佃制由分成租制占主导地位发展为定额租制占主导地位；由实行实物地租为主发展到流行货币地租、预租制和押租制。实物定额租制是按耕地面积规定地租量，佃户要向土地占有者交纳约定数量的实物地租。对于土地相对集中、田亩数不准确以及远离居所难以管理的基塘而言，分成租制的推行有一定难度，定额租制由于具有租额固定等优势而大受推崇。缴纳固定的租额后，土地增产无论多少均属于生产者所有，如何种植、生产等由租客自由选择，其生产积极性得以提高。为迎合国际生丝市场，佃农纷纷"弃肥田为基塘"，改为桑基鱼塘的生产经营方式。货币地租是定额租制的一种形式，租户向土地占有者交纳议定数量的银租或钱租。清中后期，珠三角地区的商品经济活跃，货币地租有利于市场的流通。

其四，圩市的发展也有效刺激了桑基鱼塘的发展。珠江三角洲地区圩市出现时间早、数量多、密度大、规模大、专业性强，尤其在专业的商品性农业区域和经济作物的中心产地，如顺德、佛山、南海等地。圩市作为商品集散地，将农户与国际市场联系起来，为桑、鱼的生产、贸易提供中介和平台。明清时期专业圩市数量增多，市场规模扩大，圩市的交易额不断增加，形成了以广州、佛山为中心的圩市分布网络。专业性的圩市有桑市、蚕市、丝市、鱼种市、塘鱼市等，尤以顺德、南海、番禺、新会等桑基鱼塘区为多，大大促进了商品性农业的发展。清代后，有的圩市出现了劳动力买卖的市场，满足了桑基鱼塘的大规模发展对劳动力的需求。另外，圩市设有当铺，也为桑基鱼塘的兴修提供了一定的资金来源，《广东通志》卷一百六十七记载南海有当铺 347 个。

明清时期珠三角地区桑基鱼塘得到迅速发展，与国际生丝市场刺激有关，也与当地的各种经济、社会制度的保障分不开。桑基鱼塘因其独特性、传统性和乡土性而成为珠三角乃至岭南的主题形象和地域文化符号，将本地人的社会记忆和外地人的文化想象相耦合。遗憾的是，这一传统村落的生态景观如今被现代工业所取代，昔日的蚕室、茧站、丝厂等桑蚕生产厂房大多被拆除或被改造；桑筐、蚕箔、蚕座、鱼篓、活水窿船和丝车等生产器具多被丢弃；当年桑鱼生产技术高超的"蚕娘""鱼公"多数已衰老、谢世，桑基鱼塘的传统生产技艺逐渐失传；一些与之相关的民间信仰、节庆礼仪等文化传统逐渐淡化。

三、南海九江的鱼苗捕捞与养殖

《九江儒林乡志》记载，"鱼花从渊潭出者易养，西江多渊潭，而其源从滇、黔、交趾而来甚远，故鱼花（当地人将鱼苗称为"鱼花"）多而肥，池塘中可以多养。"九江位于西江下游的干流要冲，也是西江天然优质鱼苗的集中地。当地有谚："下流鱼花上流鱼。"天然鱼苗的装捞时间集中在三月至八月，"凡岁三月始有西水，西水长，故有鱼苗，八月西水尽则无之"。西江上至封川，下至都舍，两岸设有鱼埠八九百处，直至清末。《粤小记》："南海九江乡，多以捕捞鱼苗为业，故善养鱼，虽幼如发，亦能分别种类。"

由于鱼苗装捞的优势，九江的鱼苗养殖业相当繁盛。当地的鱼苗养殖户众多，根据鱼苗养殖程序与阶段不同，分为"由埠捞鱼得鱼上塘曰装家；从装家买鱼养于花塘，待鱼花养大取以售卖曰造家；从造家买鱼，养于大鱼塘，至满尺后或岁暮，涸塘鬻于圩市，曰耕种家"。装家负责鱼苗初级养育和分类，造家专门养殖较大规格的夏花鱼种（鱼苗下池后，经过 20 至 30 天的饲养，可以出塘售卖，因正值夏季，故称夏花）。鱼苗养殖的发达，出现了"九江估客，鱼种为先，左手数鱼，右手数钱"的九江人形象。

鱼苗的饲养主要分两个阶段：一是将长八九分的夏花鱼种养成一寸三分至一寸七分的鱼种；二是养成三四寸的春花鱼种。鱼苗饲养前要经过撇花。西江天然鱼苗种类杂多，饲养前需进行筛、撇、刮等分类撇花程序。用于撇花的鱼塘需靠近江边，一亩大小，水深 0.6～0.9 米。撇花后的鱼苗有特殊的鱼花塘，"养鱼花水浊，养大鱼水清"，饲育撇花分选后鱼苗的鱼花塘多为方形，待六七天后，"鲩鱼长二寸有奇，若小笔管，然大头鱼、鳊鱼比鲩鱼略大，土鲮鱼亦长一寸有奇以上"，以小网移养，15～20 天后，再经十朝分选后放入养育夏花鱼种的鱼塘分类育成夏花鱼种。以琅玕竹夹植方簇笪作十余所以区别，又以竹筛细密者分别鱼之大小，以此发卖。自一朝筛至十朝筛止，一朝筛鱼之至小者，十朝筛以后则以尺寸分大小。养育夏花鱼种的鱼塘又分两种：一种为静水塘，"无瓦砾而四围泥沙碯者，蓄水以俟之，水质以映光红爽为上"，其实是水流静、肥浓度大的水体。因时间长、水质不佳，对喜欢清水环境的鱼种（如大头鱼）要移到其他塘中饲养。数日后，"以密罾取迁别塘，谓之过塘"。另一种为饲养塘，静水塘中鱼苗的鱼体组织肌肉疏松，要进行数次拉网的密挤锻炼，"又数日则以密罾取养于苎布池中，谓之制罾，自晨至午，乃复放于塘，如是者数次"。鱼苗则肌肉结实，体制老练，可进一步分塘饲养或进行长距离的运输买卖。"凡三阅月，鲩鱼各重二两，大头鱼各重四两，土鲮鱼则九阅月各重半两。"（1两＝50克，1斤＝500克）

鱼饲料主要为绿肥，由乡间杂草沤制，培养出大量的浮游生物。在桑基鱼塘的角落设有沤草的小池，沤水用的投草量根据鱼塘面积、鱼花种类和草料质量而定。鲮、鲩、青、鲤鱼花池塘每亩投大草五六担，鳙、鲢鱼花池塘投七八担。鲢、鳙以大草饲之，鲩以小草饲之。大草是指池水肥浓度，含大量浮游生物、混浊度大、呈纯滑水色，即为肥水质，通常用40%的水浮莲、40%的塘泥、20%的猪屎、蚕屎、人粪等堆沤而成，发酵5~7天后可喂鱼。鲢、鳙用肥水质，池水中浮游生物多，草鱼用浮游生物少的清水。鱼塘水体的调控，首先要保持溶氧度的稳定，避免缺氧死鱼。在暴雨骤至时，需灌入清水以降低水温。鱼塘多设计为东西向的长方形或"日"字形，便于接受阳光，浮游生物生长快，还有利于鱼塘随时注水调节水位以增氧。其次，由于鱼苗不能承受5 ℃以上的温差突变，池塘水位的控制还要有利于水温的调节。通常在池塘内设有闸窦控制水体水位及排灌。频繁注水容易产生水波，增加池塘的溶氧力，但水波震动又会侵蚀塘基，而且经常排灌水致使塘基干湿交替频繁更易崩塌，因此塘主们会在塘基与水面过渡的地方用木棍进行增筑以保护塘基。塘基的维护还包括冬春季节根据潮汐规律进行日常性的排水干塘。由于地势的不同，塘基有级别优劣之分。上等塘靠近河涌（方言，河汊），且易于排灌水；二等塘可从邻近的池塘过水；望天塘有水源但无出水口；野塘有出水口却没设闸窦，池水难以控制，只能种植莲藕等水生植物。

四、长洲岛的鱼苗装捞与人工养殖

珠江三角洲的南海九江基塘农业是最具地域特征的经济生产方式，

天然的水域优势是刺激鱼苗捕捞与养殖的关键因素。近代，九江人为逃避战乱沿西江而上迁移，并将桑基鱼塘的养殖方式带到长洲岛。长洲岛便成为全国仅次于南海九江的第二大天然鱼苗装捞与养殖基地。南海的基塘模式在长洲岛发展出桑基鱼塘、蔗基鱼塘、菜基鱼塘等多种形式。至今，长洲岛还流传着一首民谣，传唱着村落传统的生计模式："长洲四面是西江，甘蔗成林又成行。洲上有蚕又有桑，鱼苗品种传四方。"

长洲岛地处浔江、桂江、西江三江交汇处，是梧州西部市郊浔江干流中的一个江心岛，岛东西长 14.5 千米，南北最宽处为 1.8 千米，面积约 16 平方千米，呈长 "S" 形，故而得名，并与泗化洲、泗恩洲呈 "品"字形布列在西江河面上。由于天然的地理优势，长洲岛的淡水鱼苗装捞与养殖直至 20 世纪七八十年代前在国内仍享有盛誉，仅次于广东南海的九江塘，是全国的第二个鱼苗之乡。长洲岛气候温和，浔江水势平缓，是天然的优良渔岛。当地江河捕捞历史悠久，据地方志记载，全国的鱼苗装捞业主要是在 "梧州城郊的长洲形成的，自清代设业至本世纪 60 年代结束止，共有 300 多年历史"。在当地，村民把鱼苗称为鱼花。自明末以来，广东南海九江移民带来鱼苗装捞技术，并逐渐形成桑基鱼塘的生产模式。后来由于商品菜种植的推广，桑基鱼塘模式逐渐转为菜基鱼塘的模式。九江的装捞户溯西江而上，落户长洲，繁衍开来，在长洲岛杨村一带形成 "九江塘"，并利用近江的优势开辟鱼塘，开展江河捕捞和鱼苗繁育。清人屈大均《广东新语》载西江流域天然鱼花的优势以及装捞的季节，"西江多渊潭，而其源从滇、黔、交趾而来甚远，故鱼花多而肥"，"鱼花产于西江，其类不一，取时，知某方有雨，某方之水长，则某鱼至"。《广西年鉴》记载长洲岛成熟的装捞技术，"长洲鱼坺最多且佳，水势缓急适度，鱼苗麇集于斯"。长洲岛是广西区内的天然鱼苗产区，鱼苗产量占广西总量的 60% 左右。岛上的邓槐因拥有最大的鱼苗养殖面积而成为长洲四巨富之一。鱼花汛期一般在每年的春夏之交，村民在沿岸选水缓处设下 "鱼埠"。由于鱼苗业的繁盛发展，鱼苗先师洪巧（又称洪考先师，俗称 "洪圣公"）作为行业神得到村民的敬奉，据地方志记载，长洲鱼苗装捞户集体祭拜的洪考先师原是广东九江鱼苗装捞户的祖师爷，随装捞户迁至长洲落户，至今已有 300 多年历史。其神像寄于真武观内，并随真武观与五通庙的庙会出游。现各个塘埠内仍贴有其红纸牌位。

（一）长洲岛的鱼苗装捞

浔江的汛期为每年的 5~8 月，其中鱼苗的汛期（也是鱼苗装捞的汛期），一般在 4~8 月（谷雨至立秋）。每到清明前后，各塘埠开始整理装捞工具。谷雨节气之前，逢西边天空闪电不断，上游柳江、浔江水涨，正是亲鱼（指发育到性成熟阶段的种鱼）溯江而上在浔江口产卵之时。汛期初的一两天内，鱼卵孵化成鱼花，顺江而下流入长洲水域的各鱼埗。立夏前后为大批鱼苗的汛期，各鱼苗塘埠抓紧时间装捞。一年中有 4 个汛期，首汛期一般在 4 月中旬，也称为"头江水"。在首汛期，草鱼苗出现最早，以草鱼苗、鲮鱼苗居多。在二江水的汛期，鱼苗种类最多，最齐全，有草鱼、鲮鱼、鳙鱼、鲢鱼及杂鱼苗，时间大概在 5 月下旬。在三江水的汛期鱼苗减少，尤其是鳙鱼苗。四江水的汛期在立秋时分，以秋鲮鱼苗占多数。装捞鱼苗时先把鱼埗竹笭通池中的鱼花捞回，储存在江边盟池，第二日再用行河船装运回塘埠码头。

各塘埠所需的装捞培育工具繁多，有鱼筛、鱼池、鱼笭、通池、盟池、鱼花桶、鱼苗缴、拨鱼碟、鱼苗艇等几十种之多。所需渔具主要有鱼筛、鱼池、鱼笭等，其中鱼笭是装捞鱼苗的主要工具，按编制材料的不同可分为竹笭和麻笭两种，中华人民共和国成立前曾用麻笭，之后后全改用竹笭，由笭架、笭和通池三部分组成。笭架是一杉木浮杆，把三个笭串联成一组横撑浮于水面。取绳索将笭固定于傍岸的木桩上。笭一般为口小肚大的半拱状疏格算。通池是用黑色蚕丝布做成的长方形小池，套接于各笭的尾端，以收集随水漂流而来的鱼花。鱼筛用于衡量鱼苗的规格，鱼碟和鱼池是拣鱼、分类和围数的工具。各塘埠还需要有行河艇、埠船及捞花艇等作为水上交通与鱼苗存储之用，规模较小的塘埠可以两三家联合起来共用小艇。

装捞鱼苗的地点是鱼埠，其选址的条件有 4 个：江岸开阔平直，江底平坦且为泥沙底质，河水流速平缓（流速在 10~25 米/分钟），不靠近主航道、码头和江岸等易崩塌处。尤其是流速对鱼苗装捞影响最大，水流过快，鱼苗易被冲散，且网目（笭目）滤水不及，水流外溢，鱼苗难以进入鱼苗笭；流速过慢，滤水量减少，鱼苗进笭的数量相应减少。鱼苗循江水流向而流，浔江水涨时，表层江水流向两岸，鱼苗也随之麇集两岸，若涨水较急，鱼苗多在表层；涨水缓慢，鱼苗多在下层；水退时，水向江中心流，岸边鱼苗较少。

在广西，鱼埠以长洲的为最多、最好。虽然浔江上游的桂江、柳江也产鱼苗，但因水势和产量关系，捕采较少。因此，尽管自长洲而上至丹竹、白马、平南、桂平、石冲、官江、下湾、东津、贵县、横县、永淳、邕宁以至石埠、左县（今崇左）等处均有鱼埠，但均不及长洲。据《广西年鉴》对 1933 年广西各县渔埠渔箩及捕鱼人数的统计记载，苍梧（当时长洲属苍梧县）居上，有渔埠 80 个、渔箩 4400 只、渔户 110 户、渔人 800 余人。长洲的丝织鱼池布至今仍广为业内所用。

近年来水资源环境日趋恶化，加之长洲水利枢纽建成，鱼群溯江而上产卵受到一定影响，天然鱼苗的数量随之大减，而人工繁殖技术的突破和日益成熟，使淡水养殖的鱼苗已不再依赖天然鱼苗的装捞。江边的鱼苗塘埠也已不存在，人们在鱼塘旁设置鱼苗铺。

（二）长洲鱼苗的撇花与分类

江边捕捞的鱼花首先由鱼花师傅在岸边埠头进行初次撇花、分类。大致分类后的鱼花可作海花在河堤的埗头出售，其余未售完的放回鱼塘培育。主要的分类方法有两种：第一，通过挤鱼法区分家鱼和杂鱼；第二，用筛鱼法对鱼苗的个体大小进行区分，其中需经过几道烦琐程序。

首先在江边把劣质鱼花（刚装捞上来就已经缺乏活力）用撇箩洗掉，留下活鱼花。然后根据各种鱼苗耐缺氧能力的强弱剔除耐缺氧能力低的杂鱼，保留家鱼。按照鱼苗的自然浮头规律，进行三次粗分，第一次浮头的为花杂，第二次是鲩、鳊、鳙花，第三次才是鲮花。分类后的鱼花放回鱼塘的子箩里，进行第二次细致的撇花分类，根据鱼头大小能否过筛眼将鳙花与鳊花、鲩花分开，隔离培育，经过四五天后再根据"鳙黄，鲢白，鲮星，鲤划，鲩身圆"和"鳊鱼头尖，鳙鱼钝头，身成蓑衣，翅带长，虾肉色和鲮花起星"的特点进行挑鱼。经过如此几次的程序之后，鱼苗的分类准确率能达到 98% 以上。撇花分类后再经过 15 至 30 天的培育，便可面市。

专门的鱼花师傅掌握一套撇鱼的通用口诀："鳙黄，鲢白，鲮星，鲤划，鲩身圆。"这与《广东新语》所介绍的经验相类似，"（鱼花）方如针许，（渔农）已能辨其为某鱼，拣为一族，其浮而在盆上者为鳙也，在中者鲢，在下者鳙，最下者则鲮也"①。家鱼按草（鲩鱼）、鲢（鳊鱼）、鳙（大头鱼）、鲮作大小分类售卖，以尾为计量单位销往各个县市。

（三）长洲的鱼苗协会与鱼苗销售网络

广西的渔产丰富，以浔江为甚。1932、1933 两年广西年产鱼苗 864154 万尾，长洲、邕宁、永淳、桂平等四处共有鱼苗铺 200 余间，鱼苗塘面积 1432 亩，工人 1346 人，资本 199600 元。而长洲的鱼苗装捞数目维持在二三十亿尾的规模。据 1933 年广西全年鱼苗的捕获量统计，苍梧为 3679200 尾（其中鲢鱼 1320 万尾、鳙鱼 1400 万尾、鲮鱼 330000 万尾、鲩鱼 35200 万尾）。鱼苗的贸易，主要由鱼苗铺经营，装捞好的鱼苗由江岸运回内塘放养和交易。中华人民共和国成立前，长洲岛约有鱼苗铺 108 间，其中寺冲村有名的鱼花铺达到 26 家之多，村里里水湖塘的邓氏、梁氏和外水湖塘的黄氏是主要的鱼苗世家，里湖邓槐因此而成为长洲四巨富之一。高产量和庞大的销售额促使渔农组建鱼苗行。鱼苗行主要设有理事、财董等职务，协助鱼苗上市，制定鱼苗的价格、数量、质量等行业规则并处理有关的渔业纠纷。

最早的鱼苗行在清咸丰年间（1851—1861 年）成立，初设在真武观旁侧的房舍内，后迁至现在的寺冲村，设有理事、理财各 1 人，由会员民主推选产生，一年一届，可连任，另聘有一名律师顾问，此 3 人均领工资。另在会员中选 3 人作临时办事员，不领工资。鱼苗行的主要职责是维护装捞户的利益，在鱼苗汛期开会 3 次。每次会议，召集装捞户与广东鱼苗商双方议定各类鱼苗价格与统一的鱼苗量器（后者在第一次会议确定），买卖双方自由进行。鱼苗行还代鱼苗商向官方申请减税，并代理本行诉讼；代鱼苗商纳税时，分别向鱼苗商及装捞户征收佣金 2% 和 1%。该鱼苗行至中华人民共和国成立初才被撤销。1911 年，在长洲士绅黄丕豪的召集下，各鱼苗塘铺埠主集中在真武观组建了长洲鱼苗行。1926 年鱼苗行会在大岭岗头建成。中华人民共和国成立后，长洲渔业协会成立（1950 年），开始恢复抗日战争后中断的鱼苗出口，各塘埠组成鱼苗繁殖互助组。1953 年，随着全岛的产业结构调整，岛上的新鸭塘、龙井塘、丹竹塘等由水田改为鱼塘，鱼塘面积增加十余倍之多，由单一的装捞繁

---

① 〔清〕屈大均：《广东新语》，北京：中华书局 2006 年版，第 556-557 页。

殖鱼苗转向鱼种与大鱼的多样化繁殖。

天然的"长洲鱼苗"因得天独厚的资源优势,形成了完整的鱼苗销售网络。《广西年鉴》第三回记载:"郁江、浔江所产鱼花,除销售沿江各县外,更远销省内各区及输出省外。外销鱼花上游达云南、贵州、越南,下游沿桂江达湘境,沿西江而下达广东之钦廉雷琼各属,以至香港、潮汕、福建、台湾、南洋等处。"鱼商以"东客"为主,包括西江下游的罗定、高州、信宜、新会、鹤山、韶关等广东省各地,尤以顺德、曲江、高州等地为最多,雷州、东莞、潮州次之。鱼汛期间,每天有十余只鱼艇载着新装捞的鱼花直下广东。另有一批"陆路客",主要是来自柳州、钦州、玉林、富川、贺县、钟山、信都、平乐、阳朔、桂林、全州等广西区内各地,还有浔、郁、黔等江边各县。1920年前后,"长洲鱼苗"曾由广东鱼花商组织飞机空运售往国外市场,成就一段家喻户晓的"长洲鱼苗坐飞机"的佳话。渔农把筛选分类的鱼苗交给"鱼花公"(中间人),由"鱼花公"联系各省市买家,从中收取佣金。据确切的文字记载,长洲的鱼苗装捞在最好年份各种鱼花的年收益达36万~37万银圆,鱼花公所抽取的年佣金达4万银圆以上。

(四)闻名全国的鱼花师傅

为响应国家号召支援区内与全国各地的淡水养殖业的发展,20世纪五六十年代长洲的鱼花师傅曾有500多人先后被聘至外省及区内各市县传授鱼苗繁殖技术,如湖南、湖北、河南、广东、云南、贵州、四川等省及广西境内的田阳、永福、玉林、柳州、桂林、临桂、贵港、荔浦、兴安、贺县、钟山、富川等多个县市。在众多的鱼花师傅中,以朱祈佑名气为最,一是由于他丰富的养殖经验和技术,二是他打响了长洲鱼苗的品牌,把长洲鱼苗和养殖技术散播到其他各省,而且空运鱼苗在当时全国还是首见。梧州空运鱼花的第一人带动了长洲鱼苗的品牌经营。由于其自身的影响力,梧州电视台《建设者:60年60人》栏目的第14集中还隆重报道过他的事迹。

朱祈佑祖籍广东南海九江,祖上六辈都是养鱼的。朱祈佑10岁开始上鱼排帮助父亲分拣鱼苗,把一个池塘内的鱼苗按种类划分,并数出各种类的数目。这一烦琐工作培养了其繁育鱼苗的耐心和细心。由于依赖天然的气候条件，自然孵化的鱼苗需要依靠涨水才能到达。一般在浔江涨水后 4 天母鱼才能游到产卵地——长洲，即当地的俗语"三日水，四日鱼"。1956 年长岛村为云南昆明一水产公司提供养鱼技术帮助，朱祈佑和其他 6 个鱼苗师傅带着长洲鱼苗前往昆明。由于路途遥远，运输技术有限，严重影响到鱼苗的成活率，辗转的运输路线成为主要阻碍。经过一番讨论，朱决定从梧州坐车到南宁，由南宁转乘飞机到昆明。据朱祈佑的回忆，当时乘坐的是苏伊尔型运输机，途中需不断为鱼苗增氧、用鸭蛋黄作鱼饲料，还需及时清理鱼粪。尽管一次性可运输鱼苗 50 余万尾，但在当时可以说是价格不菲的 7000 元的运输成本极大地影响到鱼苗的出口贸易。以后便多次更改运输线路，有从梧州坐汽车到玉林，从玉林坐火车到南宁，再由南宁飞往昆明；或者从梧州坐汽车到南宁再到昆明。长洲鱼苗坐飞机的故事便由此传播开来。此后，朱祈佑开始在昆明开班传授养鱼技术，从 1958 年到 1964 年的 6 年时间内培养了一大批云南养鱼人。长岛鱼苗技工遍布各地，支援全国的水产养殖业，"有鱼苗养殖的地方，必有我们长洲人"。

长洲的鱼苗历史始于明代，从明万历年间开始就有广东南海九江的鱼苗师傅到长洲推销鱼苗的先例。鱼苗师傅见当地气候、地势等与家乡无异便定居下来开发桑基鱼塘的立体循环生态系统。鱼苗装捞的鼎盛时期始于清乾隆年间，中华人民共和国成立后的五六十年代是最繁盛的时期，长洲共有 500 多名鱼苗养殖技工到全国各地传授技术，支援当地养殖业的发展。长岛村的平冲成为鱼种、鱼苗出口的培育基地。由于长洲的鱼苗生产完全依赖天然环境，相对频繁的洪涝灾害和日益恶化的水质污染等干扰当地鱼苗发展，鱼花装捞逐渐消失。

（五）长洲鱼苗的人工养殖

20 世纪 80 年代以后，沿岸生活和生产污水的排放导致环境破坏严重、水质恶化；长洲岛水利枢纽的建成阻断了鱼苗的回溯产卵，天然鱼苗产量急剧下降。加上各地人工孵化繁殖技术的成功应用，鱼苗装捞业逐渐退出市场。家鱼人工繁殖技术逐渐成熟后，村内逐步发展池塘养鱼，并成立渔业组专门从事江河捕鱼和水上作业。男女分工明显，男性成渔业组的主力，女性主要从事菜地耕种。分地到户后渔业组解散，鱼塘由私人承包，男性主要外出打工。

现在的长洲鱼苗从装捞天然鱼花转型到人工繁殖鱼苗，鱼苗的交易场地由江边转换到鱼塘，河堤的现场集中交易转变为个体户的单独交易，江边市场上的鱼苗交易呈现萧条景象，村民对鱼苗的集体记忆逐步淡化。市场街道旁还留有往昔几家专营天然鱼苗销售的塘垹，店内已鱼去楼空，只剩下店门外干涸的鱼池和店内破旧的渔网、渔船。其中一家还留着铺面经营人工孵育的鱼花，但店内空无一物，也无人留守。只是墙外的小黑板上偶尔写有不同品种的鱼苗供应，留有店主的电话号码便于客户联系。长洲鱼花装捞业的昔日辉煌已经成为飘散的乡土记忆，偶尔在村小学生的作文主题中还能一见。

长洲岛的人工鱼苗养殖依赖历史优势成为梧州市的主要鱼苗基地。全村的养殖水面到 2011 年初已扩展到 1200 余亩，共有 500 余户的鱼苗养殖户，鱼苗品种由四大家鱼发展到十多个品种，鱼苗年产量达到亿尾左右。历史上的鱼苗江河装捞技术使长洲鱼苗声名远播，如今的人工繁殖鱼苗技术尽管优良成熟，但与其他地方相比并无突出的优势与特色。失去了浔江天然的鱼花鱼种，岛上的鱼苗繁殖需要从广州、江门等地引进鱼种。丰富的水资源优势使得长洲岛的鱼苗养殖一直延续下来，成为当地的主要经济支柱。

第二节　水与西江流域的航运

由于世代的水滨生活，西江流域的越族先民练就了"涉游刺舟"的本领。"九疑之南，陆事寡而水事众。于是民人劗发纹身，以象鳞虫；短绻不裤，以便涉游；短袂攘卷，以便刺舟。"[①]滨水越人的"短蜷不裤""短袂攘卷"等服饰习惯与其水上的工作及生活分不开，并养成了"越人善用舟"以利于渔猎的各种本领，如编竹木为筏作为浮水工具及拥有丰富的航行经验等。凭借舟楫以渔猎，后来还发展到用舟楫作跨地域的产品交换，开始内河货物运输。秦朝灵渠的开凿，连通了珠江流域与长江流域，为秦

---

① 〔汉〕刘安：《淮南子》，顾迁译注，北京：中华书局 2009 年版，第 17 页。

军征服百越提供了良好的军需品运输水上通道，是为西江航运的开端。

一、西江航运简史

历来，水上交通就具有运量大、运输成本低、燃料消耗少、借水不耗水、不占土地等突出优势。在陆上交通不发达的传统社会，这一优势更为明显。西江水系跨越南疆多省区，其主要支流如上游的左江、右江、郁江等是主要的南通道，西通云南、贵州，南通越南，中游纵贯广西，下游西江河段东达粤、港、澳，区位优越。五大主要河段南盘江、红水河、黔江、浔江、西江等均可通航，流域内天然河网遍布，通航河道多。

西江的航运功能及历史地位最早可从秦朝灵渠开凿沟通湘江与桂江时始，成为控制南粤及地方与皇朝互通关市的重要通道。一方面，皇朝利用西江输运兵力征服南越，以"一军塞镡城之岭""一军守九嶷之塞"（《淮南子·人间训》），即在越城岭开凿灵渠，以利于湘江进入珠江支流桂江并下达西江，以及通过镇守萌渚岭，掌控从九嶷山的潇水进入西江支流贺江的水道运输。另一方面，南粤通过西江与夜郎以及中原进行商品交换。汉代，西江成为主要的内河干线，有两条主要的货运航线，一是以合浦为起点的通往中原的纵向航线，从合浦溯南流江而上，经玉林平原、入北流江（绣江），出浮江，抵悟州后逆桂江（漓江），过灵渠、通湘江，达长江水系。一是以番禺为起点循西江溯源的横向航线。抵梧州后或逆桂江而上，跨灵渠以达长江水系；或溯浔江、黔江、柳江、融江，抵黔、蜀，而南海商船来华者多聚于番禺，再沿西江转运入中原。中国货物则经灵渠、桂江、浔江、北流江、南流江一线，由合浦出海，历缅甸、马来半岛而达印度。三国时期，吴国倚重水利，开通了自广州启航，经海南岛东南，进入西沙群岛海面，而到达东南亚的便捷航线，导致了徐闻、合浦港的衰落。晋代之后，广州取代徐闻、合浦而成为南海交通的主要港口。自北流江经玉林平原转南流江出海一线逐渐废弃。

唐时，全国水道整治，海、陆丝绸之路开通，西江的西南通道因大庾岭道开凿后贯通北江与长江支流贡水大大缩短岭南与中原的里程而受冷落。宋以后，西江航运又逐渐恢复，并得到大规模的整治。随着珠江水系大批堤围的修筑，西江航道得以稳定，河道疏浚，促进了地方生产及水运经济的发展。宋时的"东盐西运"，以及西江下游一批重要城镇的崛起，如高要成为肇庆府治所在地，梧州成立铸造钱币的丰元监等，为西江航运提供了强大的助力，粮运与盐运是主要的货物运输。明代中叶，肇庆、佛山等西江大港，商货麇集，舟楫蚁集。肇庆原有的码头已不敷使用，甚至无泊舟之所。

清代，肇庆的客运也相继繁荣，肇庆港已成为江海直达运输港，并带动了德庆、都城两港的活跃。下游的江门也地位渐显，崛起为西江上另一重要的江海直达运输港。此时西江的货源可分为农副产品及手工业品两大类。农副产品有米谷、柴炭竹木、田七、桂枝（皮）、桑寄生等，手工业品有盐斤、铁斤（生铁块）、铅铜、棉布等。清代，广西米谷大批运销广东，康熙五十四年（1715年），"查广西米谷船从梧州、浔江江口往广东省共有六十一万八千余石"。清末，"广西米粮由梧州输出者"，仍"年达四百万担以上"。清代珠江三角洲蚕桑业迅速发展，烘烤蚕茧需要大量木炭，梧州在清代是柴炭集散地，每年大量柴炭东运至广州、江门等埠。贵州经广西运出的木材、桐油等则从贵州三都启航，沿都柳江经榕江而达柳江。清同治年间，清政府在江门、三水等口岸设立"理船厅"，专辖港务工作。这是近代中国海事的雏形。但因引水权和指泊权被清政府出卖给列强，华商的西江轮船运输业务艰难萌芽。1908年，广州成立西江航业公司，梧州设分公司，两艘小轮船投入使用，是西江轮运业华商民营打破列强垄断的开端。1918年，经不懈的斗争，民族航运步入快速发展期，梧州港的进出口商船达5409艘次，其中中国船占80%以上。梧州开埠与轮船通航后，大量洋货进入梧州市场。1905年，洋货进口金额达747万两白银；1913年增至1077万两，占广西出口总值的80%。直至20世纪80年代，梧州港仍是广西的重要贸易港口。西江航运进入出黄金水道的辉煌时代。

近代社会是西江航运历史上的黄金时期，其发展大致可分为三个阶段。第一阶段为鸦片战争到梧州开埠前的木船民运时期，以民间商人和民帆船为多。其时，西方列强借内河航道，进行商品输出和原材料掠夺，致使西江航运呈现畸形繁荣的局面，相继带动了一批内河港口、码头及圩镇的繁华。如道光、咸丰年间，桂平戎圩成为广西货物进出口的重要中转站，商人收购内地谷米等土特产运往广东，将食盐、洋货等运回内河各地。当时戎圩每天的谷米交易达到一二十万斤，有"出不尽戎圩谷"之说。1854年，梧州开始设厂抽厘，是为广西厘税征收之滥觞，此后，玉林、浔州等地也相继设卡。第二阶段为梧州开埠至辛亥革命的汽电船及洋人控制垄断西江航运权的时期。1887年，清政府与英国签订《中英续议缅甸条约附款》，辟梧州为通商口岸，并规定外国轮船可在香港、广州至三水、梧州间自由往来。外商获得直驶梧州的西江航运权，纷纷涌入并设立轮船公司垄断西江航运，其中以英商为最，英国商船占出口轮船的73%。1897年，英商设有怡和洋行、省港澳轮船公司、太古洋行等，并联合经营西江航运，开辟梧穗（梧州至广州）、梧港（梧州至香港）、梧江（梧州至江门）等多条航线。外商的垄断刺激了华商的抗争与发展。广西内航道多且复杂，又多浅滩，为以木帆船为主的民船提供了竞争机会。这些民船依靠吃水浅、靠岸易、运输灵活方便等优势占据了西江上河的运输，甚至还输送广西出口到粤港澳的大米等大宗货物。第三阶段为辛亥革命至中华人民共和国成立前的民族航运缓慢发展阶段。为打破英商对梧州开埠后西江航运的控制与垄断，华商开始联合投资西江航业，先后成立了西兴、广兴等十几家航运公司。但抗战后，日本封锁西江航线，导致西江航运急剧衰落，民族航运业也严重受损。直至抗战胜利后，西江航运才开始复航，民族航商纷纷设立航行商号和轮船公司。广西省政府也兴办广西行业公司，垄断广西的对外贸易。此时，西江各航线的主要水上运输工具更新为适合西江上游各支流的客货电船，西江行业得到一定程度的恢复。至中华人民共和国成立前夕，国民党败退后，社会经济处于崩溃边缘，社会动荡，匪患猖獗，西江航运业又一次大幅度衰退。

二、西江航运对近代社会的影响

近代西江航运的发展，尤其是新式运输工具——轮船的使用，对西江流域经济社会产生了重要影响。轮船运输，将西江水系的丰富水道构建成一张密集的交通网，较之之前的民船（木船）更加便捷，人们之前需要10~20天才能到达的地方现在三五天内就能抵达。《广西通志·交通志》记载，明清时期的邕梧航线在丰水期，木帆船由南宁顺流而下至梧州需6~8天，由梧州逆水到南宁则需25天，而客货电船打破了逆水的限制，梧州、南宁两地间的往返只需六七天；梧柳航线的民船运输从柳州至梧州往返需50天，而电船需六七日；邕色航线由南宁至百色往返由30余天缩短至十三四天。随着运输时间的缩减和便捷，流域内各民族、区域对外交往的时空距离缩短，货物流通和人口流动的规模扩大，频率加快。西江航运的发展不仅促使西江流域社会经济得到快速发展，而且流域各地的风俗习惯、社会经济生活观念等也因此发生不同程度的演变和革新。

（一）西江航运对西江流域近代社会经济的影响

西江水系的众多河流一方面将城镇、圩集和乡村连接起来，另一方面又因航运的带动，在西江的主干河流区出现了多个地区范围的经济中心，并呈树状分布，形成了以梧州为经济发展中心的广西近代经济发展新格局及"西轻东重、西缓东快"的广西近代经济发展特征。广西近代经济发展的重心趋向于东部，与西江的西东流向及航运发展程度相一致。

西江航运促进了广西近代商品经济的发育。梧州开埠后，西方列强把沿江各港口作为剩余商品的输入与倾销据点。洋丝、洋布等的输入破坏了内河农村各地的家庭手工业，加速了自然经济的解体。另外，广西的农产品、山货、药材等大宗出口，加速了农产品的商品化进程。广西农村市场的半封闭状态被打破，并与国内、国际市场发生了相对密切的联系，农村对市场的依赖性加强，农民也不同程度地卷入了商品与市场的贸易网络。

西江航运还促进了民族资本主义的发展。梧州开埠后的西江航运，为洋货的输入和土特产的输出提供了便利通道。大量货物的集散与交易带动了新行业的产生，如梧州出现三十多家代客买卖的平码业，为适应平码业的资金周转需求而出现银钱业。1910—1920年，梧州还创办了三家机械厂，一些商人开始经营近代新式工矿业。梧州的民族资本主义经济形成了银钱、平码、航运、机械等相互依存的局面。但是，广西的城市民族资本主义是在外国资本主义的刺激下萌发的，从而兼具营利性、封建性、殖民性、妥协性等复杂特征。一些商人以营利为首要目的，对外国资本主义接纳、妥协并成为外国商品的代理商和推销商，如吕辑堂代理美孚火油、陈太记代理英美烟草公司的香烟等。

随航运而来的倾销商品同时也带来了内地经济生产方式的变革，其中以农村的种棉业、棉纺业、植桐业等变化较为显著。因洋纱的涌入，一大批垄断棉纱销售和棉布收购的包买商出现。商人雇工将棉纱交给织户，织户将织成的棉布交给商人并领取工资。包买商由普通中介转变为提供原材料并剥削织工剩余价值的手工场场主，织工由独立的农民变为家庭手工工人。植桐业出现油桐生产垦殖场，场主以包工制和分益制的方式募工垦殖，具有资本主义生产特征。

（二）西江航运对西江流域近代社会的影响

西江航运的发展，为人们出行或经商提供了便利条件，促使大量外来居民进入西江流域腹地。开埠后，大量华人商旅、达官贵人、洋人及客家人涌入内地，大宗的土货运输出口，舶来商品倾销内地，对西江流域的经济发展和日常生活习俗及观念的改变产生重要影响。

首先是生活习俗的改变。衣着服饰方面，因大量洋布、洋纱侵占各级市场，当地的传统服饰有所改变。以前衣料多用自织的土货棉布，布质密致耐用，平民一袭之衣可御数载，洋货进入内地后，对家庭手工纺织业造成冲击，洋布洋纱制成的线缕巾带等大行其道。服饰的样式与风格也发生变化，清代时贵族妇女的衣袖、衣襟多尚镶边，光绪年间则流行革履短裙女服，民国时期崇尚穿旗袍，并改变了头发的发式，去髻载发以与旗袍相搭配，乡间妇女多带不加布帷的东坡帽。桂平县的新学礼服有全部仿照欧洲服装的硬领、硬袖、合帽、革靴等特征，女性衣饰偏向于仿照粤东的生绸衫、熟绸裤。光绪末年民间兴起追仿吴装。民国年间，服饰风格的中西杂糅更为突出，年轻妇女大多着短衣长裙。在饮食方面，卷烟、汽水、饼干、牛乳逐渐为城市居民所喜爱。住房风格方面，逐渐兴起砖瓦房，房屋样式有广肇派、嘉惠派、闽派等多种风格。富有的家庭还仿建西式洋楼，分建两层，屋顶有楼阁。民国以来的学校建筑也多仿照西式。以前西江流域的特色建筑如渔民的"浮家泛宅、短篷高桅"已所剩无几。

其次是思想观念的革新。西江开埠后，大批商人溯江而上进入西江腹地，大量商品涌入当地市场。自给自足的自然经济逐渐解体，农土特产商品化，进入流通领域。当地人们的商品经济意识逐渐萌发，人们的消费观念、消费行为和消费结构也发生不同程度的变化。村民们卖掉土特产，购买生活资料，对市场的依赖性加强，受市场的影响加深。之前"养牛为耕田，养禽为过节，养猪养羊为过年，种菜种果为尝鲜"的生产消费观念得以转变。广西各地农民由近代以前的"不会经商，不敢经商，不愿经商"转变为民国时期的参与市场竞争，他们"不务于末"的轻商观念改变，有些农民甚至脱离农业生产，专门从事商业活动，其职业观念和身份发生转变。百色地区甚至出现以是否懂得经商作为衡量农村青年是否有作为的标尺。人们的工商意识逐渐增强，出现了一批新兴行业及专业村（村内约半数或半数以上人从事某一产业）。如宾阳有 14 个瓷器专业村及 16 个手工业制造专业村。贵港、玉林、临桂等地的织布专业村颇具规模，昭平有以造纸为产业的专业村，临桂有木梳专业村，思恩县（今环江毛南族自治县）有打铁、竹编专业村。值得一提的是，近代广西妇女的经济生活也因之改变。传统的男耕女织的家庭分工及生产模式限制了女性的生活空间，但民国时期，妇女们可直接参加户外经济活动，有些甚至完全脱离家庭农业生产劳动。如从苍梧至南宁的民船运输业，其中水手十有八九是妇女。武鸣地区的妇女从事开客栈、开照相馆等各种行业。女性职业的多元化在一定程度上促使广西"男逸女劳"现象的出现。

西江百余年的繁荣航运带动了流域两岸的城市与圩镇发展。如作为百年商埠的梧州，以及广西境内的"一戎二乌三江口"（梧州苍梧县戎圩、平南县大乌圩、桂平县大湟江口圩）与宾阳的芦圩并称为近代广西的"四大圩镇"，均为西江航运经济繁荣的见证。同时，由于现代新式交通工具的出现，水上交通的优势渐失，曾经因繁荣的水运带来的城市与圩镇的繁华，也因水运的萧条而衰落。

三、西江水运经济与城市兴衰：以梧州为例

梧州地处三江交汇之处，便捷的水运带来繁荣的地方经济。三江汇聚，水资源极其丰厚。广西区内约 85% 的河流经梧州流入西江，集广西784 条河流水量，其境内的流域面积占总面积的 9.28%。广西、梧州的航运在宋元经济重心南移后开启新篇章，西江水路的巨大经济价值得以体现。清光绪二十三年（1897 年），凭借西江优势，梧州府被辟为通商口岸，成为著名的百年商埠，梧州的历史地位达到顶峰，被誉为"小香港"，有"广西水上门户"之称。开埠通商后，梧州的优势更为突出，成为近代广西连接广东及沿海地区的最大口岸市场，跃升为广西的经济中心。其时，各地客商以粤商为主成批进入，经商人口众多，至康熙年间成立粤东会馆。其后，因便捷的水运，"无东不成市"的商贸格局开始形成，至民国年间，广东商人所营商店占梧州总额的 76.72%。最具岭南商业特色的骑

楼城即当时繁荣商贸的见证。

梧州水运发达，是华南地区仅次于广州的第二内河大港，历来是广西各地及云、贵、川等地货物的集散地，是广西通往香港最便捷的通道，其经济地位或甚于灵渠。灵渠在沟通湘赣与广西的经济网络中所起的作用仅限于桂北与桂西北地区。据历史统计，灵渠航运在繁盛时期往来的船舶不过为每日 40 只左右的 5 吨~7 吨的木船，日货运量在 300 吨左右。梧州港在民国十七年（1928 年）的船舶货运量每日达到 3566 吨。开埠后，许多广东商人溯江而上到梧州经商，英国、日本、法国、葡萄牙等国商人也相继开设商行，大量外国商品输入梧州，英国领事馆也在此时成立。至民国二十二年（1933 年），梧州商行发展至 1393 家，商业资本占广西总额的 63% 以上，居广西各市之首。其时，全市有 9 万人口，从事商业的约万余人，广西财政收入的 30% 来自梧州商业税收。民国二十六年（1937 年），在全国十大商埠中，梧州港进口货值排第 9 位，出口货值排第 7 位。中华人民共和国成立初期，梧州仍是桂东南乃至广西的商业中心和农副土特产品的集散地。梧州土特产、农副产品货源以广西、云南、贵州、四川、湖南等地为主，主要销向广东、香港以及出口东南亚各国。1992 年，梧州港口自然岸线长 96.10 千米，货运量占广西总货运量的 66.9%，客运量占 69.8%。梧州港经营的航线覆盖广东、广西两省区 90% 以上的内河干支流，并通达香港、澳门。如今，70 多千米的环城防洪堤仍能让人依稀领略当年河上的繁盛景况。

城市及其经济因水运而兴，同样也因水运而衰。随着陆路运输的发展，从 20 世纪 90 年代开始，水上运输的优势逐渐被取代，西江航运开始衰落。连年来天旱少雨，浔江的壮阔水面已变狭窄，掩盖不住的沙滩裸露出一派萧条景象。千余只船舶滞航梧州港，黄金水道的历史风光难再。梧州的经济商贸大受影响，连带着城市的区域地位从中心退居到边缘。梧州人时常在街头茶馆、网络媒体等真实或虚幻的空间里追忆昔日的繁华，感叹现时的衰落和被遗忘，并选择性地从历史（舜崩于苍梧之野，两广总督府等）和语言（粤方言）等方面的优势来与南宁、桂林等城市对比，塑造自己的地域认同和文化认同。由于其在历史上曾作为两广总督府，地域上与广东相邻，加上开埠通商大批粤商入桂，城中居民半数以上与粤港澳有亲缘关系，语言、文化习俗与粤港澳大致相近，梧州的地域和文化方面的认同都趋向于广东。从地理空间看，梧州到南宁

（约 387 千米）与梧州到广州（约 278 千米）的距离相差并不太大。但梧州人对这两个城市的心理接受程度却大为不同，认为购物、游玩的首选城市应是广州，去广州好似上街购物一样方便随意，而去南宁则如同出远门走乡下亲戚。随着更为便捷的交通运输方式的出现，梧州水运优势逐渐丧失，梧州人强烈感觉到自己的城市快速地被边缘化，诸如许多重大的基础建设工程与梧州无缘的事实，致使大部分人形成心理落差。为此，从民间到政府，开始为梧州的"复兴"而奔走，梧州以"百年商埠，绿城水都""黄金水道"等城市标签以期实现经济的复兴和腾飞。

四、西江著名圩镇

（一）戎圩

戎圩（现为龙圩）地处浔江下游，毗邻广东，沿西江东下可达佛山、广州，沿江西上可达桂平、贵县、平南、玉林、南宁、柳州、百色、长安等地，沿桂江而上可达昭平、平乐、阳朔、桂林等地，水上交通十分发达。乾隆年间《重建粤东会馆碑记》记载，"其地面临大江，左右高山环峙，峰连叠翠，数十里而不绝。上接两江，一自南宁而下，一自柳州而下，皆会于戎。水至此流而不驶，故为货贿之所聚云。"戎圩因便利的水上交通优势成为西江流域著名的商业圩镇，为清代广西"四大圩镇"之首，是广西农副产品出口广东及广东日用百货、食盐和海产品进口广西的中转站和集散中心。戎圩在汉代属广信县；南北朝归属遂城县；隋代改为戎城；宋代改称戎圩，划归苍梧县。优越的地理位置及水上交通带动了当地的商业贸易的发展及圩镇的繁荣。"西通浔贵、南宁，东接肇高诸郡，故西粤一大都会也。富庶繁华，贸易辐辏，几与粤东之佛山等，故俗号小佛山。凡舟车之络绎往还，皆泊于此。"

从明代开始，广东商人溯西江而上到广西行商，戎圩因粤商的到来而日趋繁盛，圩内店铺林立。清代康熙年间，广东广州、高州、罗定、信宜、佛山、南海等地的商人抱团入桂，开始兴建粤商会馆。尤其在鸦片战争后，清政府国门大开，广东的资本主义经济得到优先发展，并辐射到广西，为广西的城镇和圩市发展注入了新的工商业经济力量，成为广西圩镇经济发展的关键因素，从而形成了"无东不成市"的广西经济发展格局。《重建粤东会馆碑记》中提及："吾东人货于市者，禅镇（今佛山）扬帆，往返才数日。盖虽客省，东人视之不啻桑梓矣。"广东商人大批入桂，并在客居地大建庙宇与同乡会馆等，这成为广西商业发展繁荣的见证。因丰富的物产和便利的水上交通，戎圩连接两广经济的桥梁作用主要体现在"西米东运"、土特产收购和外来商品输入等商贸活动中。

清代的西米东流量高达二三百万石，其中粤商的谷米年采买量约一百数十万石。毗邻广东的戎圩成为明清时期广西最重要的谷米集散中心，直到 20 世纪初，谷米仍是该圩最大宗的交易商品。戎圩的谷米收购运输有陆路、水路两条通道。广平、新地、大坡等地每日大约八九万斤从陆路运入；平南、藤县、丹竹、武林等从水路每日运来 23 万斤，造就了"出不尽戎圩谷"的美誉。收购的大宗谷米主要出口广州、佛山、西南、勒流一带。戎圩的谷米生意规模大、利润大，由此催生了一批大型商号和富商大贾。光绪年间戎圩最大的谷米商号联兴号，每日谷米交易约十万斤，年盈利达一万多两白银。

清末，戎圩出现一大批从事土特产收购的新行业，如豆豉行、布行、豆行、烟丝行、银行、药材行、青蒟行、杂货行、典当行、石厂、山货行等，行业分工细化。豆豉行、豆行、药材行、青蒟行、山货行等是专事收购土特产品的行店。各行业有多家商号同时经营，如山货行商号有东源筏、西源筏、源生筏、怡和筏等。"筏"是一种平底匣形的非自航趸船，固定在江边供船只停靠，方便商船装卸和存放货物，是商人收购和批发商品的场所。还有鸡鸭牲口的出口商号，以粤商和港商为多，最大的牲口出口商号是冯洪记、黄大亨、罗亚银三家，拥有资本银二三万两。另外，戎圩还有不少亦工亦商的手工工场，如面条加工厂、银行、烟丝行、磨坊行、铜器行、皮袋行、油行、皮行、钛钉行等，其中面条业颇为兴盛，有邝同记、黄德昌、和泰昌、李裕兴、李源和、瑞泰、古会记、李森记、冯天兴等多家加工作坊，一般有雇工四五人到十五六人不等。甚至还出现专门代人运货的服务业，当时的"水客"达 500 人之多，来往于各埠头之间。

戎圩行业店铺数量最多的当属日杂百货店，包括苏杭杂货和土杂货两类，主要收购当地的土特产品销往广东，又从广州、佛山、江门等地购入苏杭杂货销往广西各圩镇。以光绪年间为例，苏杭杂货店以苏杭布店为多，有十余家，其中以冯堂记、梁平记为最，产品主要销往藤县、平南、桂平等地。土杂货店有 12 家，其中罗良记、太和记、欧佳记等为最，货物运销平南、桂平、贵县、昭平、平乐等地及广东各地。

作为两广经济交往的纽带和中介市场，戎圩主要与西江下游的广州和佛山两个中心市场发生联系，广西的区内市场网络主要限于西江中上游地区，其经济辐射圈主要包括横州、迁江、南宁、柳州、来宾、贵县、桂平、大乌、武宣、象州、龙州等地。由于从戎圩到桂江需经梧州，咸丰年间广西的商业中心转移到梧州，因此戎圩与桂江流域的经济联系减弱。戎圩商业从明中期兴起，清前期逐渐发展，至道光年间达到鼎盛，咸丰年间商业中心转移，戎圩的商业地位下降，但商业活动仍旧活跃，维持着广西著名商镇的声誉。

（二）大乌圩

大乌圩位于西江流域的平南县东南部（今大安镇），成圩于明末清初，因"地控两河为南条诸流之咽喉"的优势地理环境发展成囊括交通要冲、手工业品集散、商业繁荣的综合圩镇，是广西近代桂东南地区重要的商品集散地和贸易中心。地处浔江沿岸，白沙江与新客河交汇于此入浔江，水上交通发达，"上通（桂）平、贵（县），下通藤（县）、容（县）"，是"四方福辏"的通衢之地，也是近代两广经济联系的重镇，"上通高（州）、廉（州）、雷（州）、郁（林），下接梧（州）、平（乐）"。地处平原、交通便利、耕地广阔、物产丰富等诸多优势促进了大乌圩镇的形成。商人会馆、庙宇及骑楼等的兴建是大乌当年商业繁荣的实证。

大乌圩与龙圩、江口圩等广西近代西江沿岸重要经济圩镇，在地理位置、商人的来源、产品的销售路径以及当地的农业发展水平等方面都存在着相似之处。不同的是，近代大乌的商品经济中农副产品加工业的比重更为突出。桂东南地区的商品农业发达，经济作物种植普遍，平南也不例外。平南是桂东南的"余米之乡"：粮食自给有余，"贩卖东去，岁约二十余万石"。大圩因大宗谷米贩卖而成立谷米行，还设有专门的谷米码头。当地经济作物种类繁多，烟草、落花生的种植相当普遍，"种烟之家，十居其半"。大乌因其烟草种植普遍、烟叶质量上乘而成为烟叶的重要产地和集散地及制造烟丝的基地，成立了烟丝行，烟铺达三十余间，烟丝作坊数量为全县之最。大乌山货如肉桂等可加工成桂皮、桂枝、桂子、桂油等，出现以加工青蒌、桂皮、桂枝、桂子、桂油等中药材从业者。大量烟丝、桂皮的出口在大乌设卡抽厘。1874 年，广西藩司在平南大乌圩征收玉桂、烟叶、烟丝税银达六七万两之多。在近代大乌圩的众多商号中，以经营农产品加工业及苏杭杂货为主。1939 年，大乌圩商号多数经营烟叶加工、榨油、中药材加工等行业，其他为经营苏杭杂货的商号，有"杂货 14 间、苏杭 7 间"，"油、糖、烟、猪、鸡、布匹"等商品经营也具有相对优势。农副产品生产的稳定性促进了相对稳定的商业网建造。

另外，"一戎二乌三江口"的说法表明了大乌圩的经济状况次于戎圩。相对于梧州、戎圩等主要市场而言，大乌圩市场在西江流域的市场经济圈中处于次要市场地位，是组建梧州、戎圩主要市场的重要组成部分。如大乌圩市场的土特产商品出口主要以梧州、戎圩为中转站转运至广州、佛山等地，而洋货、苏杭杂货等的进口也是经由梧州、戎圩运至大乌。大乌圩的经济繁荣是梧州、戎圩主要市场辐射的结果。相比于其他两大圩镇，大乌圩依靠农产品供应的稳定性打造了农副产品加工业为主的商业经济结构。

大乌圩成圩于明末，经过清中期繁荣发展，至近代开始衰落。外国资本主义的入侵，民国后新式交通工具的出现，以及连年战争的破坏，大乌圩的昔日繁华已成为历史。

（三）江口圩

江口圩镇位于广西桂平市东北部，其前身为明末的瑶圩。大藤峡瑶族同胞起义被镇压后，官府在大湟江口设立瑶圩，供瑶族同胞交易食盐、布匹、山货等物资。明清之际，成批粤商入桂。大湟江口定居的粤商人数到乾隆年间过百人，带动了当地市场规模的不断扩大，从临江水面集市扩迁至大湟江东岸，并改称永和圩，因地处大湟江与浔江相汇的江口，故又称"大湟江口"，简称"江口圩"。光绪年间，江口圩的繁盛为全省各圩之冠，"四方商贾，挟策贸迁者，接迹而来。舟车辐辏，货贿积聚，熙来攘往，指不胜屈"，以山货、农副产品的外销及工业品的内运为交易大宗。清末民初，圩中有"大小铺户百余家，人口三千有余，内有当铺二，大酒馆二，小者不计，山货铺五，苏杭铺十二，杂货、药材之属咸以十数"。花生行、碾米厂、榨油铺等加工业相继发展。抗日战争爆发后，更多粤商涌入江口镇，开设平码行、当铺、商店等。

　　与戎圩、大乌圩相比，经纪业在近代江口圩的发展较为突出。清中叶，有多家粤商在江口圩开设土产平码行，有广利益、宏聚、广来等众多商号，专门收购大黄江、大瑶山的笋干、干姜、花粉、香蕈等土货及周边农村、圩镇的豆、谷、米、盐、糖等土产，为广东佛山专门做广西生意的"西行"代客买卖。由于经纪业具有脆弱性与投机性等行业特点，因此，江口圩的众多商号流动性也强。

　　江口镇的经济发展与当时的环境条件相关。首先，广西交通落后，大宗商品的运输有赖于水运，区内商品的进出口贸易主要通过西江这一黄金水道，江水深阔的地方常常成为天然的渡口和港口，从而促进沿岸圩镇及商品集散地的相继形成。其次，西江连接两广，携带雄厚资本和丰富经商经验的粤商逆水而上，到各大圩镇从事各种商业活动，将广东的手工业、农副业、海咸等产品以及经广东转销沿海及海外的产品输入江口镇，把广西的农产品、山货、药材等运销广东。圩镇便成为区外产品的销售市场、区内产品收购场及海外洋货的倾销地。再次，西江航运行业逐渐成形。运输业成为近代江口镇的主要行业。以航运为例，江口镇每年的运油量在300万斤以上。客运由粤商承揽，光绪年间，"粤商集股购备轮船两艘，一名柳平，一名桂安，往来柳州、大湟江口，五日一班"。民国时期，江口镇成立负责客货运输业务的江口港务站和江口第一、第二、第三水运公司。

第二章　水与西江流域的习俗信仰

　　在中国传统文化中，水历来作为重要的象征物而存在。与世界上的丰水国家相比，我国的水资源相对有限，但却因合理用水、有效节水的用水习俗和用水管理机制而创建了灿烂绵长的农业文明。而这一习俗及机制的主要成效来自与水相关的历史记忆、禁忌习俗、信仰仪式等文化概念所体现的对水的象征性管理。水在当地社会的文化隐喻延续了地方民众对水的历史认同，从而形成一种把水视为非物质文化的生活方式，保证水资源生态环境的持续和谐。但现代社会，一些人着眼于短期私利，对水环境大力改造开发，过分扩大用水目标。这一行为的隐性后果就是凸显水的自然性和商品性，销蚀了水的历史性、文化性，从而破坏了亲水、爱水、节水民族对水的历史认同，从崇拜认同到开发利用的水观念的改变最终导致了水资源的污染、浪费、紧缺等生态危机。水危机的出现不仅是自然生态的或技术的原因，更可能是水观念变迁等文化性因素在起作用，而且急速的技术变革并未能解决日趋严重的水危机。因此，对水的文化隐喻的当下研究有助于强化人们对水的历史文化认同，重塑人们的水观念。西江流域用水习俗和水观念的探寻有助于引导我们反思。

　　特有的地理环境与气候条件综合成特殊的生态环境，充沛的水资源与频繁的洪涝灾害影响了西江流域地区的习俗信仰。水神信仰及其他与水相关的习俗更多地呈现了西江"水"具有明显地域特征的文化性。

第一节　水神信仰

　　西江流域主要流经我国西南、华南地区，针对此流域的习俗信仰的研究也比较成熟。在流域内众多的神灵信仰谱系中，水神最为复杂多元，而以水为主导的生态环境就是水神文化的根源。在岭南一带，与水有关的神祇通常也是香火最盛、流传最久的神灵，如真武大帝、龙母、南海神、妈祖、伏波等。西江流域内河网纵横，水与当地民众的生产生活息息相关，形成了"越人善用舟""陆事寡而水事众""越地幽昧而多水险，其人皆习水斗"等与特殊生态环境相应的生产生活方式及习俗。江河虽然带来舟楫之利，但致洪涝之患。当地人对水既爱又怕，凡与水有关的神灵，都对其奉祀膜拜；与商贸航运有关的神祇也不例外，都是当地人习俗信仰中的主要供奉对象，如西江航运保护神——伏波神等。

经口耳相传、历史记忆的恢复以及传统的循环再生，西江流域的水神谱系主要由以北帝、龙母、伏波等为主神，掺杂进由历史人物演化而来的水神（屈原）、祖先神、行业神（洪考先师）等构成。

一、真武大帝

真武大帝，又称玄天上帝、玄武大帝、北帝。真武信仰源自先秦的星宿崇拜——玄武七宿，并兼具方位神（北方）的属性，因北方在五行中属水，故在当地人心目中又具有水神的属性，以龟蛇合体相交为形象；宋以后，改称"真武"，并被列入国家祀典，又称"北帝""玄帝"。在民间，其称谓更为繁杂，并人格化为"被发黑衣、仗剑、蹈龟蛇"的形象。明代以后，真武神具有镇守北方、主风雨、除水火之患（镇水火）等多种功能与神职，广为民间奉祀，尤为水旱灾害频发地区的民众崇奉。

在西江流域，真武作为河道航运保护神备受崇拜，是明清以来当地的重要民间信仰之一。不单北帝祠庙遍地，连家庭中也普遍供奉北帝神位，这在明清时期为当地的社区整合与凝聚发挥了重要作用。这是地域社会与大传统的文化整合过程，也是神灵信仰的地方化过程。北帝在西江流域的崇高地位与其北方神的神职有重要关联，也与当地的地理环境不可分割。水脉交错的水域特色与北帝水德十分契合，北帝南下后以水神为主的神职带动了其在珠三角地区的广泛传播。明清时期，仅广东一地的真武庙宇达52座之多，而且还以水火相济而衍生出防火防灾的神职。

真武最初传入岭南地区在很大程度上是因为其水神职能，在地化后，接管或分化其他地方水神的神职。如海南岛的南海神，其信仰没落在《琼州府志》中有记载，真武庙在琼州府分布有12座，而南海神庙却未见有系统记录，仅有伏波等海神的零星记载。北帝信仰宋时传入广东，明清时达到鼎盛，清末至民国初年，广东共有主祀北帝的神庙202座，主要集中在佛山、南海、顺德、高明等地。佛山祖庙的修建更是地方水神由众神共享到真武独尊的发展见证，体现了西江流域对真武信仰的高度接受与认可。

佛山北帝祖庙始建于北宋，明代重修，至清代已成为体系完整且富有地方特色的庙宇建筑群。明景泰年间，北帝祖庙正式列入官祠而成为

"国朝祭典"，从社区香火庙上升为官祀之庙，有关北帝信仰的神诞民俗也日益隆盛。在佛山当地有关北帝的重要传说是自从北帝南来后佛山再无水，因此祖庙还被当地人视为福庙，每逢传统节日都朝拜祈福。

屈大均《广东新语》"卷六·神语"记载："吾粤多真武宫，以南海佛山之祠为大，称曰祖庙。其像被发不冠，服帝服而建玄旗，一金剑竖前，一龟一蛇，蟠结左右。盖天官书所称，北宫黑帝，其精玄武者也，或即汉高之所始祠者也。粤人祀赤帝，并祀黑帝，盖以黑帝位居北极而司命南溟。南溟之水生于北极，北极为源而南溟为委。祀赤帝者以其治水之委，祀黑帝者以其司水之源也。吾粤固水国也，民生于碱潮，长于淡汐，所不与鼋鼍蛟蜃同变化。人知为赤帝之功，不知为黑帝之德。家尸而户祝之，礼虽不合，亦粤人之所以报本者也。"[1]

北帝崇拜的民俗活动在佛山祖庙主要有以下几种。一是北帝诞，农历三月初三是北帝诞日，又称"真武会"，也是北帝崇拜仪式中最隆重的一日。庆贺仪式主要有赴庙拜祭、贺寿开筵、烧大炮、演戏酬神、北帝巡游等。二是行祖庙，农历每月初一、十五，"行祖庙，拜北帝"。除夕夜，佛山人逛完花街花市后会赶在零点前到祖庙灵应祠，等候正点时在北帝神像前祈愿新年顺景，投放硬币。三是春秋谕祭，明代开始，北帝以其"御大灾、捍大患"的功德进入国家祀典。明清时期，每年分春秋两季举行。春祭为农历二月十五日，北帝坐祠堂。八图土著各宗族先后安排装扮好的孩童列队迎接北帝神像，后将神像安放在各宗族祠堂内，并设供案，集体拜祭。秋祭日为农历八月十五日，仪式与春祭相同，添加秋色，以向北帝展示秋收的喜庆。春秋二祭，八图土著七十岁以上的老人可到祖庙祭祀后参加宴饮，并领取北帝所颁胙。

二、龙母

西江流域的龙母传说历来被推崇，其庙宇有 300 多座。其文化根源首先应归于西江流域以水为主导的生态环境、"水事"生态以及族群认同的社会生态。其实质具体化为三个主要因素：西江流域水道的航行优势与捕鱼的生计模式、频繁的洪水灾害与掘尾龙传说、秦始皇所代表的中

---

[1]〔清〕屈大均：《广东新语》，北京：中华书局1985年版，第108页。

央权威与边陲地区的国家观念。传说中的龙母为西江之神，来源于骆越先民及其后裔的蛇—龙崇拜，与"陆事寡而水事重"的生态环境相适应。龙母及龙母庙至今享祀已两千多年，其正统地位在宋代便已确立。

古苍梧郡的龙母传说与大明山地区的"娅迈"民间传说有颇多类似点，有学者认为后者才是龙母崇拜之源。据说大明山下一位"娅迈"（壮语中的"寡妇"）在野外救回一条快被冻僵的小蛇，小蛇长大后，屋里已难容身，娅迈砍断它的尾巴，并取名为"特掘"（壮语指"秃尾巴"）。随着小蛇身躯和食量的逐渐增大，娅迈已无力养活，只好将它放归到河里，变成一条"掘尾"龙，从此分别。娅迈去世之时，掘尾龙突然现身尽孝，将娅迈安葬于大明山。之后每逢三月初三，掘尾龙都回来扫墓。其时天降甘霖，润泽万物，民众欢欣，认为是掘尾龙对娅迈母爱的感恩回报，因此尊奉娅迈为龙母，并建龙母庙祭祀。

据史料记载，西江的龙母事迹最初流传于今广东悦城，刘恂的《岭表录异·卷上》记载了龙母故事的原型。"温媪者，即康州悦城县孀妇也，绩布为业，尝于野岸拾菜，见沙草中有五卵，遂收归，置绩框中。不数日，忽见五小蛇壳，一斑四青，遂送于江次，固无意望报也。媪常濯浣于江边。忽一日，见鱼出水跳跃，戏于媪前。自尔为常。渐有知者。乡里咸谓之龙母，敬而事之。"[①]《太平寰宇记》中有相似记载："昔有温氏媪者，端溪人也。居常涧中捕鱼以资日给。忽于水侧遇一卵大如斗，乃将归，置器中，经十许日，有一物如守宫，长尺余，穿卵而出，因任其去留。稍长五尺，便能入水捕鱼，日得十余头。稍长二尺许，得鱼渐多。常游波中，潆洄媪侧。媪后治鱼，误断其尾，遂逡巡而去。数年乃还。媪见其辉光炳耀，谓曰：'龙子复来耶？'……媪殒，瘗于江阴，龙子常为大波至墓侧，萦浪转沙以成坟，人谓之掘尾龙。"[②]

在梧州，传说藤县是龙母故乡。龙母本是秦朝时的一位弃婴，顺西江上流而下，为当地温姓渔民所收养，长大后在江边洗衣偶得一枚彩蛋，孵出为龙。但龙刚出生不久就被误断其尾，断尾龙弃家而去，待长出鳞片后带雨而归，缓解了当时的旱情，人们以为是掘尾龙的报恩，故尊姑娘为"龙母"。此事被秦始皇闻知，派使者请龙母上京受封。龙母遇到龙

---

① 〔唐〕刘恂：《岭表录异》，北京：中华书局1985年版，第7页。
② 〔宋〕乐史：《太平寰宇记.卷164》，清文渊阁《四库全书》配逸丛书本，第979页。

子阻拦而未成行，一生留驻岭南。龙母去世后，棺材被抬到悦城河东，雷雨突至，雨住后棺已不见，只见河西隆起新坟，人们以为是掘尾龙想迁龙母坟于此吉地，由此而建龙母庙。

以上三则故事情节近似，应该属于同一母题，因文化的传播变异而稍有变化。但不同的故事版本说明了共同的文化现象，即西江流域地区的龙母崇拜与当地的水生态影响密切相关。西江流域的龙母庙大都位于河流之畔或两河交汇之处。自古及今沿江而下的岑溪、藤县、梧州、德庆等地依山面水建有龙母庙。其中德庆悦城龙母祖庙和梧州龙母太庙的规模与盛名为最。悦城古庙位于悦城河与西江交汇之处，建于秦汉年间，至今已千余年，与广州的"陈家祠"、佛山祖庙合称为南方古建筑的三大瑰宝。梧州龙母太庙位于城北桂江东岸，建于宋初，宋代建筑风格浓郁。这一分布特征说明了河流沿岸居民对水的敬畏之心，以及效法"水事"自然的崇拜之情。因此，民间常常将各地的龙母传说融合起来，衍生出完整的生活故事。龙母姓温名媪，广西藤县人，生于公元前 290 年农历五月初八。父亲温天瑞是一名南海官员，母亲梁氏是广东德庆人。因幼时家贫，龙母被父母连同生辰八字放置木盆内顺西江而下至悦城水口，为梁三老汉收养抚育成人。龙母自小善良勤劳，聪慧多能。一次她在西江边洗衣时捡到一个巨蛋，并孵出了五条小龙，并将其养育成才。龙母带领五龙治理西江水害，由此深受当地百姓敬爱，被拥戴为仓吾族首领。秦始皇因此多次召龙母入京受封而未能顺利成行。80 岁时龙母染病身亡，正值中秋。人们尊她为女水神，并定八月十五日为她的飞升之日。后来龙母历代受封。由此，龙母的主要生活地点有两个，也称娘家，分别是梧州藤县的胜西村和岑溪糯峒镇的大竹村。而西江沿岸上至大明山区武鸣县的两江镇，中至藤县、岑溪、苍梧、梧州，下至广东德庆、肇庆、悦城等地，都流传着龙母的故事，并且到处都有祭祀龙母的庙宇。两千多年来，民间形成了各种拜祭龙母的活动，最隆重的有春天的"龙母开金库"（农历正月廿一）、夏天的"龙母诞"（农历五月初八）、秋天的"龙母得道诞"（农历八月初一）及冬天的"朝母节"（农历十一月初一），其中尤以农历五月初八的龙母诞为最，从农历五月初一延续到五月十五，初七、初八的两个昼夜和初九的白天共三天两夜是活动的高潮。

因龙母崇拜形成的系列习俗活动也多与水相关，如民间盛行摸龙床、饮圣水等习俗，造船模仿"掘尾龙"，谓之"龙掘尾"。传说农历五月初八为龙母的诞生日，八月十五是闲诞日（飞升日）。每逢诞日，肇庆悦城的龙母祖庙、梧州的龙母太庙都举行隆重的贺诞活动。各地民众前来参拜，粤港澳与两广地区香客最多，湘赣闽贵等地民众也来庆贺祭拜。由于诞生日与端午节相近，因此又有双节共庆之俗。端午日，以菖蒲、柚叶、艾草、桃枝等挂于门前，小孩佩戴三角形香袋以驱五毒，大人们常到江河中游泳，谓之洗龙船水，并举行龙舟竞渡。近年来的神诞日还衍生出洗龙母水、喝龙母茶、用龙母梳、照龙母镜等活动。据说每年的朝母节（农历十一月初一）是五龙探母日，五龙太子从西江下游溯江而上，到达梧州龙母庙对面的桂江边聚会，随后化作五朵彩云，合成莲花座，让龙母坐在其中升天。当日，人们纷纷制作莲花水灯，在灯上写上自己的心愿，放入河中，希望五龙太子能把愿望带给龙母，祈求龙母保佑心愿成真、合家安康。也有人将不顺心如意的烦恼写在"龙母水灯"上，然后点亮水灯放入江中，让烦恼随水漂走，以求来年事事如意、前途光明。届时，西江防洪堤上成千上万的莲花水灯一齐漂放，场面颇为壮观。

代代沿袭的龙母信仰也成为形塑西江流域社会文化生态及整合族群认同的精神纽带。《南越志》记载："秦始皇闻之，曰：'此龙子也，朕德之所致。'诏使者以元之礼聘媪。"[①]这一举措为后来的历代统治者所沿袭，将华夏认同与龙母的地域认同相结合。龙母勤劳聪慧，精通农事医术，能预知祸福，降服旱魃洪魔，利泽天下，寄托了西江流域农耕社会人们对风调雨顺、佳年顺景的美好祈盼。而龙子捕鱼报答龙母养育恩情，也正是西江流域以渔业为主的生计模式的文化映照。

三、马援崇拜

西江流域有一位由历史人物神化而来的护航水神——马援。马援为东汉著名军事家，曾奉命南征交趾，平定岭南六十余城，并修治城郭、水利、交通，促进了岭南地区的社会稳定与发展，因而受到南征各地民众的崇祀，成为与商贸航运有关的神祇。

东汉建武十六年（40 年），交趾郡女子征侧因其夫被交趾太守处死而

---

① 张英等编：《渊鉴类函》卷 437 引《南越志》，清文渊阁《四库全书》本，第 9547 页。

带姐妹征贰愤然反叛，占据九真、日南、合浦等郡，并自立为王。第二年，马援被拜为伏波将军，率军南下，从湖南经灵渠进入广西，从合浦"缘海而进，随山开道千余里"进入交趾。岭南平定后，马援因功被封新息侯。他所到之处"辄为郡县治城郭，穿渠灌溉，以利其民……自后骆越奉行马将军故事"（《后汉书·马援传》）。岭南民众感念马援的文治武功，建伏波庙或将军庙以祭拜。如今，伏波庙广泛分布，地理范围北达湖南沅水、澧水流域，东至广东武水流域，南至广西南部沿海（钦州、灵山、合浦、防城、东兴等地）以及左右江流域，其中广西的桂江流域、西江流域（西江-郁江段）、南流江流域以及左右江流域最为广泛。这一分布区域也与马援南征路线基本重合。

广西横州（今横县）乌蛮滩的伏波庙是桂南地区规模最大的专祀马援的庙宇。"以侯治乌蛮大滩也。滩在横州东百余里，为西南湍险之最，舟从牂牁至广必经焉。……侯庙在其北麓。凡上下滩者必问侯，侯许，乃敢放舟。每岁侯必封滩十余日，绝舟往来。新舟必碟一白犬以祭。有大风雨，侯辄驾铜船出滩，橹声喧阗，人不敢开篷。窃视晴霁时，有铜篙铁桨浮出，则横水渡船必破覆，须祭禳之乃已。此皆侯之神灵所为云。……滩为交趾下流，征侧叛时，侯疏凿以运楼船。"[①]

马援作为水神而备受崇拜，一是马援因军功而被封为伏波将军，民间崇奉其神勇能制服鬼神而祀之；二是因为西江恶劣的航行条件使得人们在心理上需要一个守护神；三是马援疏凿河道有功，这也是最主要的原因。岭南自古是内地商品销往海外的必经之地，但南岭阻隔，陆运困难，因此西江、北江航运被开发以利于中原、西南等地货物的南来。但两江航道险恶难行，容易船货倾覆。乌蛮滩位于横县、贵港之间的郁江中段，"滩在横州东百余里，为西南湍险之最。舟从牂牁至广必经焉。滩有四。曰雷霆。曰龙门。曰虎跳。曰挂舵。每滩四折。折必五六里。出入乱石丛中。势如箭激。数有破溺之患"[②]。马援南征时乘船沿江而上至乌蛮滩，因滩险受阻，两岸山高林深，时有盗贼出没，便上岸安营扎寨，疏浚河道，追击盗贼。马援疏凿险滩，使舟船免于覆溺，贼患也得以平定，民众因而拜其为护航之神，并在其帅帐驻扎处建伏波庙，奉祀甚谨。"两岸

---

① 〔清〕李调元：《南越笔记·卷四》，北京：中华书局1985年版。
② 屈大均：《广东新语》，北京：中华书局1985年版，第210页。

皆山，侯庙在其北麓，凡上下滩必问候，侯许乃敢放舟。每放一舟，拨招者四人，把舵者四人，前立望路者一人。左右侧竖其掌，则舵随之。"①《徐霞客游记》记载乌蛮滩"滩高溜急，石坝横截，其上甚艰。既上，舟人献神庙下，少泊后行"。伏波庙的神诞日为每年农历四月十四，为马援的诞日。当地人在伏波诞期间（农历四月十三至十五）大摆筵席，宴请亲朋好友。

岭南地区伏波祭祀圈的存在有以下两个原因：一是与马援南征维护国家统一与边疆稳定的历史功绩分不开，二是西江流域险要的水上交通条件衍生出水神的神格。

四、三界神

明清时期的广西南宁、浔州、郁林、平乐、梧州等五府（州）分布有一种民间祠庙，称为三界庙，其主祭神是三界，但三界神的来历有不同的说法。三界庙的分布沿西江流域自东向西逐渐递减，形成了以三界神为主祭神的神明体系及祭祀圈。

壮族普遍崇拜的三界神是冯三界，名克利，明代贵县人，祖籍浙江，生有异相，好读书参禅，曾跟随王守仁征大藤峡，后隐迹贵县北山，遇仙人授无缝天衣而得道。在忻城，传说三界公原是贫苦青年，遇仙人指引修成高明医术，并成为一代名医，后来羽化成仙。毛南族信奉的三界公来自贵县，是饲养耕牛和菜牛的鼻祖，又是五谷、人畜的保护神。仫佬族也祀敬三界公爷。在广西地方志中，三界神冯克利是明弘治年间的贵县人，曾入北山采药，遇八仙对弈，得无缝仙衣而有法力，并由此得道成仙。百姓凡遇到危难灾祸便来求助。梧州有关冯克利的民间故事有五则。一是前文所说的遇八仙赐无缝仙衣得道。二是麻篮担水。说的是有一日，冯克利听到一位被县太爷太太惩罚用麻篮担水浇灌花木的女孩方翠玲唱山歌："难了难呀难了难，麻篮担水上高山。麻篮担得几多水呀？肚饥捱得几多餐？"他摘了两片大叶放进麻篮内，施以法力让麻篮盛满水，而且水量能淋完三百棵花木。三是变鱼救壮丁。一次，县太爷派四个差役下乡强抓壮丁，途中遇到冯克利。冯克利掐指算出差役是到村里

---

① 〔清〕谢启昆：《广西通志·卷145》，南宁：广西人民出版社1988年版，第4136-4138页。

抓丁，便在水田边丢下自己脚上的两只破鞋，变成两条又大又肥的鲩鱼，吸引着差役入水田捉鱼。他乘机赶到村里告知村民。村里的青壮丁全部逃躲，差役无功而返。四是洪钟锻金身。县太爷屡遭冯克利戏弄，便心中恼怒派差役捉拿冯克利，并以妖术惑众、扰乱民心为由，用大洪钟罩住冯克利，并引柴火煅烧。三天过后，冯克利仍安然无恙。五是制龙退洪水。传说西江里住着一条性情残暴的老龙，每年都施威大发洪水，造成庄稼被淹，民房被毁，渔船倾覆，百姓生活悲苦。冯克利有心救护当地百姓，便叫人用十斤生盐制成一桶盐水，用二十斤酸醋制成一桶酸水，用三十斤辣椒粉制成一桶辣水，统统倒进西江。龙王及水族成员被又咸又酸又辣的江水折磨得生不如死。西江老龙幻变成青衣小帽打扮的老者求见冯克利，恳请他解除仙法。冯克利乘机训斥老龙作孽泛洪，残害百姓，并命令老龙立即退去洪水，且今后不再兴风作浪。从此，冯克利在梧州期间，西江没再发过洪水。不久，冯克利在原来被煅烧过的地方盘膝打坐，羽化登仙。明正德皇帝敕封他为"游天得道三界圣爷"，当地百姓也在此地建三界庙来敬祀他。

　　三界神作为明清时期西江流域重要的地方神，最早可追溯到两宋之交的冯姓始祖，其以巫觋身份在家乡贵县一带传播。明代弘治年间冯克利被封为"游天得道三界真人"后，三界神的世系传承开始清晰化，其影响逐渐扩大到广西各地，并传入广东，为两广地区汉族、壮族、瑶族、毛南族、仫佬族等多个民族普遍奉祀。明人桑悦在《记獞俗六首》中记载壮族敬奉三界神的情况，"三界有灵焉助虐，诸冯非祀肯相容"①。民国《河池县志》卷 2《舆地志上·风俗》也有记载："土著多獞人，尤喜酬三界。"②明人王济《君子堂日询手镜》所载，冯姓诸异人被贵县境内的瑶族人民称为"祖公"。③《古今图书集成·方舆汇编·职方典》卷《庆远府祠庙考》记载明后期思恩县城南门外建有三界庙，④"三界公爷是毛南族最信的善神"⑤。明代，三界神信仰从其发源地广西贵县传播到广东

---

① 王俊，杨奔主编：《柳州诗存（上）》，南宁：广西人民出版社 2009 年版，第 87 页。
② 河池市地方志编辑部点校：《河池县志（民国八年版）》，2000 年内部印行。
③〔明〕王济：《君子堂日询手镜》，丛书集成初编，上海：商务印书馆 1935 年版。
④〔清〕陈梦雷：《古今图书集成》，方舆汇编·职方典.第 1416 卷，庆远府祠庙考，北京：中华书局 1985 年版。
⑤ 广西壮族治自区地方志编撰委员会：《广西通志·民俗志》，南宁：广西民族出版社 1992 年版，第 368 页。

珠江三角洲一带后，为汉族人接受和敬祀，宣统重修的《东莞县志》卷18《建置略三》记载："三界庙在县东北水南村，明嘉靖三十四年（1555年）建，天启七年（1627年）重修，邑人袁崇焕题有'诚不可揜'额，并有重建三界庙疏碑。"[1]在清代道光、咸丰、同治三朝，三界神有迭加封号，"敷佑伯""敷佑昭显伯"及"敷佑昭显灵感伯"，由此成为岭南地区重要的地方神，为多民族群众所信仰。

五、屈原及其他河神

在西江流域的长洲岛上，有奉祀屈原为河神、江神的习俗。此俗始于20世纪八九十年代当地的庙宇重建热潮。选择屈原为水神，是一种地方传统的再生过程，主要源于两个因素，一是明清时期顺桂江而下的湖南移民对祖籍等地域观念的一种隐性认同，屈原被尊为湖南大人；二是由历史人物的特殊经历神化而来，屈原投江而死，自然容易幻化为江神河神。当地并无屈原庙，其神像寄于主祀华光大帝的五通庙内。与传统的端午习俗相连接，人们将祭祀屈原河神的日子定在农历五月初五。按旧时传统，村民以抬屈原神像游河的方式进行祭拜。届时，由地方庙委统一组织，租借一艘机帆船停靠码头，船头摆放方桌，上有鸡、猪肉、水果等供品。船头悬挂一面黄色三角旗和九只红色小灯笼。下午龙舟队成员抬出小菩萨（江神屈原的另一尊小神像）落船游江。道士、神婆随船而行。由道士鸣锣开道，一路锣鼓鞭炮不停。沿途道士、神婆等神职人员将水饭、黄豆和米粽撒下河，并大声喊出："九子连灯出子了。"傍晚，村民在河堤码头的几个固定地点放上自家包扎好的祭包，有元宝蜡烛各1对、纸钱1张、香3支及其鸡毛火炭、1角利市等，放时口中念诵"头痛肚痛龙船鼓送，有灾有难远远送"。寺庙组织方在天黑前沿河堤统一收拢祭包，在晚上十点左右，把祭包放入一艘大纸船内，在码头河滩一齐烧掉。相传据此可以送走灾难病痛，保一年平安。

西江流域民间信仰体系中还有除屈原之外的河神，但没有具体的名

---

① 〔清〕陈伯陶等纂修：《东莞县志：宣统》，广东东莞卖蔴街养和书局印本，民国十六年（1927年）版。

称、造像和固定的祭祀地点。河神的祭拜一般在端午前几天，避免与屈原的祭拜时间冲突。河神的祭祀一般由村民自行组织，通常在农历五月初一的早上举行。由一中年女性带领村里的女性到江边祭祀。参与祭祀的人对于自己正在祭祀的河神并不清楚其名称和来源，也没有把屈原认定为唯一的河神，但年年都举行拜祭仪式。村民们认为神灵可保佑人不受水浸，也可保人平安健康。不同年龄的女村民都参与进来，每户至少一人，谁有空谁来。也有在外地工作到这一日仍回家拜祭的职业女性。无论哪种祭祀，按照当地民俗，村民都相信，灾难和病痛能随着纸船的焚烧顺水流走，迎来风调雨顺的好年景。

六、行业神洪考先师

在南海九江、长洲岛一带，流行洪考先师崇拜习俗。长洲岛因浔江水势平缓而成天然优良渔岛。清初，广东九江的鱼苗装捞户便溯西江而上迁居至此落户，并随之带来了自己的祖师爷——洪考先师。最初，洪考先师无庙，其神位寄于真武观。装捞户还在各自家中安置先师神位，每月逢农历初一、十五上香朝拜，点上神灯。在岁时节日，人们供奉天官、地公、灶君等神位后，再向先师行祭礼。此外，还有每年三次的常供，分别是：首次在初汛前（谷雨），举行开业酒仪式，每户各自敬祀；第二次在农历四月十五（洪考先师诞辰日），由鱼苗行组织，每户除派一人为代表到行址敬神和聚餐外，在家各自杀鸡割肉办家宴以朝拜先师；第三次在装捞结束时（一般是立秋前后），同样由鱼苗行组织，装捞各户派一人参与集体祭祀，并饮结业酒庆祝丰收，另各户在家再举行家宴。

洪考先师的神位出游并非在其神诞日，而是依附于当地的五通庙和真武观的庙会出游。两庙的庙会均是三年一次，由村里士绅、富户等组成的理事会主持。庙会举办之前，理事会向鱼苗商和富户劝捐，继而向装捞户、农民派捐，以户为单位。捐1元，给圆灯1盏；捐3元扎腰灯1对；捐10元，置伞灯1对。出游时，洪考先师的神位附于各庙会的主神之后。在真武观庙会上，北帝菩萨神位在先，洪考先师随后；五通庙会时以五通菩萨在先。

20世纪60年代后期，由于鱼苗人工繁殖技术的日趋成熟，装捞业逐渐消亡，相关习俗也逐渐废弃，鱼苗行已少见装捞户在自家对洪考先师的祭祀。鱼苗塘埠开始兴盛，接替鱼苗行对行业保护神进行常祭，但地点不在塘主家中，而是在塘埠内设有贴有其红纸的牌位，逢日奉香祭拜。

第二节　水与过渡礼仪

与宗教仪式中水作为沟通神人之间的媒介或强调其净化功能不同，在西江流域地区的通过仪式中，人们相信水作为一种身份转换的媒介可以帮助人们顺利通过各种关口。仪式研究之父范·盖内普（Van Gennep）在《通过仪式》（*the Rites of Passage*）一书中说明了通过仪式（也称为生命礼仪或过渡礼仪）对于社会整合的功能性意义。通过仪式指的是在人从出生到死亡的生命历程中，需借用一系列仪式活动进行社会地位和角色的变更与转换。在不同人生阶段中存在许多不同的过渡情形，必须借由仪式的帮助度过生命转折，完成身份的演变，获得新的社会位置。所有的通过仪式都具有一个共同的阶段模式：分离（separation）、边缘或阈限（margin or limit）和聚合（aggregation）。不同阶段受礼者的身份由分离——模糊——稳定完成去旧迎新的过程。[①]长洲岛的通过仪式主要有洗三、入社、婚礼、丧礼等。在一系列的通过仪式中，水是一种必不可少的媒介，从而在心理上帮助个人和群体度过人生的重要阶段。

一、洗三

婴儿刚出生时，由接生婆（当地人称"烧火婆"）剪断脐带，将婴儿身上的血水污秽稍加擦拭便包裹起来，并不直接给新生儿洗个干净澡。婴儿并不洁净的身体上穿戴着事先准备好的衣物，直接抱给婴儿的母亲或家人。直到第三日，才特地选吉时举行洗三朝仪式，以象征祛除污秽。洗三朝的汤水用柚叶、艾叶和老姜熬就。由接生婆或家族中有福气的老婆婆给婴儿洗澡，脱掉褓褓，先用柚子叶略浇些水到婴儿身上，用手拍

---

① [法]阿诺尔德·范热内普：《通过仪式》，张举文译，上海：商务印书馆 2010 年版。

打他的后背和前胸，让他有个适应过程，然后把婴儿小心放入大盆热汤中，拿柚叶或毛巾布条擦拭其身子，不用其他任何洗浴品，一边洗一边念诵喜歌。村民认为婴儿一旦洗过柚叶姜片水后便可不生疮疖，健康成长。前来祝贺的外祖母等人拿着银钱、喜果等东西放进澡盆里，叫"添盆"。放入红枣时念"早立子儿"，放入莲子时说"连生贵子"。沐浴后的婴儿再穿戴好外祖母"睇三朝"送来的衣物。

作为人生的开端礼，洗三朝仪式并非从纯粹的现代卫生角度而言，更主要是表示新生儿完全脱离了胎儿期，从此可以面见至亲，拜祭祖先，正式开始自己的新人生。接生婆通过为新生儿洗澡而将其引入家庭生活。在传统社会，因生育医疗技术及卫生条件等限制，婴儿的出生及其初生（尤其是出生三日内）容易发生意外，若产妇与婴儿能平安度过三天，说明其身体健康，便可向亲友报喜并告祭祖先神明。另外，在许多民间习俗中，洗三礼仪源自这一民间传说：婴儿出生三日后送子娘娘下凡考察，若婴儿身体洁净健康，家中举行喜宴，则认为婴儿为家庭所接受和喜爱而给予福佑，反之，则认定婴儿为家庭所厌弃而带走婴儿（婴儿夭亡），因此洗三仪式必不可少。"洗三"仪式中的水也帮助新生婴儿度过其人生的第一个阶段而成为家庭的正式成员。

二、泼水、吹水与第一挑水

从新娘迈出娘家门槛的第一步起，就身处于一个身份模糊的边缘或阈限阶段，既不属于娘家人，也不属于夫家人。这时候水常常被当地人用来象征新娘和娘家的关系。一名男子端着一盆水等在新娘娘家门口，新娘一出门，就把水泼出去，寓意"嫁出的姑娘泼出去的水"，从此姑娘从娘家分离出来，失去了以往的身份，处于新旧身份转换的阈限阶段。新娘的哥哥在正厅门口替新娘打开雨伞，并用缝衣针在雨伞上扎三下，接着口含柚叶水向新娘脸上喷上三口水，再喷三口水到雨伞上。这个仪式也象征着新娘不再留在娘家。

到了夫家之后，第二天清早，新娘的第一件事情就是去井边上香、挑水，由嫂嫂或姑姑带路，带上香和葱、蒜、芹菜、生菜等。这些菜分别喻示着聪明、会算计、勤劳、生财等。新娘挑着水桶到了井边，把菜放在井沿，贴上一张红纸，再给井神上三炷香，象征新人初到祈求井神保佑，然后向井中丢入几个硬币，表示获得井神的许可，以后都能来这井里挑水喝。汲水时，讲究一次性汲满一桶，象征顺顺利利。一般要挑上两到四担（一定是双数）的水，寓意好事成双。自从人们用上自来水后，许多新媳妇就不再挑水了，改成第二天清早到厨房打开水龙头，放满一水缸水。水放满后，新媳妇需要从昨天喜宴留下的餐具中，挑十副碗筷用新接的水清洗干净。随后还要进行一个开厨仪式，即新媳妇拿起菜刀在菜板上斩切一些肉菜（一般是把整只鸡切成几大块），才可以开始做饭。

在以挑水作为新妇在新家获得认可的首要仪式中，水充当了一种获得新身份的象征媒介，协助新妇完成了自己的通过仪式。另外，在嫁过来的首个大年初一，新媳妇和其他媳妇一样到井边去挑第一挑水。这称为汲新水、新年水、聪明水、取勤水。谁挑水的时间最早，谁就是最勤快能干的媳妇。新妇挑水到家后，再将其倒进锅里，加上红枣、生姜和竹叶为全家煮茶水，以象征健康吉祥。在当地民俗中，这两次挑水使其媳妇的身份得到认可和强化。

三、买水、放水灯

老人去世后，有一个买水净身的仪式。在死者去世的当天下午，由师公（当地民间宗教"师公教"的男巫）带领，孝子孝孙们祖身赤足，拿着一小瓦钵或瓷碗，到死者生前常用的水源边买水。取水之前，师公手持香火，念几句祷辞，向水神通禀某某去世需要神灵赐水净身才能去往另一个世界。在师公结束祷告后锣鼓声响起，孝子向水中抛掷几枚硬币，师公接过容器，顺着水流方向连舀三次，交给孝子。孝媳手持竹篮，内装三只碗。在水面一边晃动竹篮一边念："一碗喂鱼，一碗喂虾，还有一碗拿回家。"取水后，点燃鞭炮，一行人缓步回家。请与死者同性之人替其浴身，用柚叶沾水象征性地拂拭死者遗体，主要是脸和胸口。意在洗去死者生前的污点和罪孽，以洁净之躯向阴界报道，顺利通过鬼门关进入另一种生活状态。

出殡之时，大儿媳妇一人去河边挑水回家放到堂前，供送葬回来的人净手，洗去污秽才能进入房间，象征阻断死者灵魂与现世的一切联系。

　　下葬的当天晚上，再由师公带领孝子孝孙去河边放水灯。水灯体型较小，由竹篾做成框，外面糊上白纸，内间放置一截点燃的白烛，以前点上的是素油灯。死者由阳间走向阴间，要过"奈河桥"。奈河桥下就是一条奈河或冥河，亡灵必须渡过冥河才能到达阴间。亡灵附着在水灯上，水灯带着亡灵随河水漂流而去。在师公念过一段简短的超度经文后，孝子捧着水灯缓缓放到水面，顺着水流方向用手推开。生命之始来自水，生命之终还归于水。

　　在过渡礼仪中，水被视为一种身份转换的媒介，能帮助人们渡过各种关口。因此在村民的观念中，河水、井水在特定情境下具有宗教意义上的圣洁性和神秘性，这是完全世俗化、商品化的自来水无从获得的特质，水由此而具有独特的文化隐喻，并对村民的水观念与用水习俗产生深刻影响。

第三节　水之隐喻与节庆习俗

　　水在人类学的早期研究中，通常作为部落文化的一种符号和象征物而存在，具有多样化的象征隐喻，如圣与俗、洁与秽等。水对于长岛村人来说，不仅是经济生产和日常生活的一种必要资源，而且具有特定的文化象征意义，通常作为一种身份转换的媒介帮助人们顺利通过各种关口。此外，一方面由于与地方经济繁荣休戚相关，水激发了村落的财富想象，具有另类的文化象征意义。在传统社会中，人们对财富的需求和渴望往往不是一种显性的张扬，借助水来进行或隐晦或直白的表达。另一方面，复杂多元的水神信仰和用水习俗促进了民众对各种不同来源的水进行洁净与肮脏的认识与分类，形成了具有鲜明地方性的用水观念与用水习俗。

一、水与村落的财富想象

　　在西江流域沿岸地区，虽然经常面对江水的涨落，但水之于当地人而言，并非洪水猛兽。相反，水不仅是一种生态资源，还是当地的一种财富象征。在他们的观念中，"山管人丁水管财"。没有水，桑基鱼塘的生产无从谈起，而且频繁的洪水能为土壤增加肥力。人们适应自然、预防洪水的方法成功而有效，以生计模式转型规避水灾风险。沿岸地区的水上运输和水产养殖都甚为发达，许多家庭的经济来源都与水相关，水为当地人提供了许多致富增收机会。水带来地方经济的繁荣，许多村镇因水而兴。用之不竭的江水和遍布的鱼塘解决了村民的灌溉、饮用等生产生活用水问题。在20世纪80年代以前，"水经济"对村落经济的影响更为突出，形成了男渔女农、亦渔亦农的生产习俗与分工形式，鱼苗养殖成为一些鱼苗养殖户的重要致富途径。

从地区方言的角度分析，岭南地区常"以水为财"，往往把钱与不同等量的水相联系。用"兜""勾""撇"（分别指向"十""百""千"）等充作钱财的计量单位。尽管"水"的钱财象征意义可能源自清代江湖社会的用法（江湖秘密语）①，但在粤方言区，该义项得到快速发展而成为其基本义、常用义。作为粤语起源地的梧州地区，这一语言特征同样显著。在当地的很多口头语言中，水的寓意与金钱和财富有着千丝万缕的联系。人们通常所说的"水头"寓意有钱赚，经济实力雄厚则称"大把水头""水头足"，财源滚滚是"猪笼入水"，找人借钱称"去扑水"。水在商店开业或建房等风俗仪式上的作用不可或缺。若适逢降雨，便是好的致富预兆，称之为"水头足"。若天不降雨，则需找几盘水来泼洒，以显示财富到家。中华人民共和国成立前，贺商铺开张，还喜送山水镜屏，尤喜送瀑布湍流画面，按当地说法，认为山管人丁水管财，高山流水冲起去吉方，有催财作用。近年来当地商铺也流行在店铺门口放置一鱼缸，把鱼游水中视为水动财来的象征。而新建民居则多在楼门前设计有水池、鱼池，池上石珠滚动喷出水雾，同样也象征着财源滚滚而来。村镇因水而兴，水推动当地的商业繁荣，人们自然容易把水与财富相联系，成为民众表达财富的代名词。

二、水的洁净与肮脏

前文对水神信仰和用水习俗的繁复叙述，目的在于阐明这一信仰对

① 陆镜光，张振江：《香港粤语表钱财义的"水"》，见《方言》，2001（4）。

民众用水观念及其水的文化隐喻的影响。在民众的观念里，水因水神崇拜和仪式用水而具有神圣性。对于各种不同的水源，民众对其有洁净与肮脏的区分。

中华人民共和国成立以前，河流沿岸农村的生活用水主要是井水，而靠近河岸的住户从江中挑取江水饮用。秋冬季节，江水清澈，挑回后，江水在水缸稍微沉淀即可用于饮用、洗菜、做饭、洗澡等。鱼塘水用于灌溉和洗涤衣物。以前，割草养鱼，水质还未遭到严重破坏。但鱼塘地势最低，无论干净与否，所有的水都容易积聚到这里，因此不能作为饮用水。用上饲料后，水质变得更差，水是黑色的，经常散发出难闻的气味，连洗衣服都不能用了。井水由于深层渗漉，比河水更清澈，有些井水还略带甜味。在当地人眼里，深井水是最为洁净的。

现在尽管不少村庄早已用上了自来水，但在许多村民看来，以前的深井水要比现在的自来水干净卫生。对用水传统的延续及其依赖性对民众的日常用水行为产生着持续的影响力。以前井水挑回来要先沉淀一下，讲究的家庭会用上明矾。后来使用自来水时同样讲究先储存沉淀。多数人家里一般还备有水缸。每年新春，人们会在水缸上贴上红纸。从水管放出来的水先储存到水缸，经过自然沉淀后才使用。由于经济便捷，自来水的实用功能得到认同，但民众对自来水的洁净性仍存有怀疑。从现代卫生角度而言，以前的井水可能比自来水更脏。水井没有井盖，灰尘扬土、树叶枯枝甚至蛇鼠动物都会掉落井中。下雨时雨水直落到井里，也没有任何的保护措施能防止污水溅入。井侧有台阶方便人们下井挑水，人们总是穿鞋而进，容易污染井水。遇到洪水泛滥，水井需要重新淘洗。尽管存在许多方面的污染可能性，但在许多村民的观念里，深井水还是最为洁净的，年节时还需祭拜井神，感恩水井的孕育滋养。在获得新社会身份的过渡仪式中，也缺少不了对井的敬献。新媳妇第二天早上带上红纸、香和硬币等去挑井水。逢大年初一，村里妇女去井里汲新水，在井边贴上一张红纸，点上三根香。生小孩的也要去井边祭拜一下井神，相当于向井神通报户口。

对于西江流域沿岸村民而言，什么样的水是干净的，什么样的水是不洁的，与其说是一种生活常识的经验总结，还不如说这是一套标识着人们对传统与现代关系的认知体系。

三、水与节庆习俗

（一）端午扒龙舟、沐江水

　　长年与水打交道的人与水有一种天然的亲近感。河流沿岸居民的水性好，游泳、划船等是他们的一些基本的技能，水上运动具有天然优势。扒龙舟是传统的体育形式，也是水神信仰的一种表现方式，时间多在端午节期间，有些地方安排在秋季鱼苗丰收之时。在亲水环境下，鱼苗捕捞与养殖等水上生产活动对这一水上运动有至关重要的影响，沿岸居民的划船技术在平时的生产中得到锻炼。在长洲岛，专用的扒龙舟赛船到20世纪70年代后才进入，之前用来参赛的是平常用于鱼苗装捞的鱼花艇。每年立秋后，人们通常在江边举行庆贺鱼花装捞丰收的活动。这一活动从民国二十年（1931年）开始举行，形式独特，颇富地方特色。各鱼苗塘埠根据自身实力出鱼花捞箩艇参与比赛。一般大塘埠能出1艘，小塘埠通常两三家联合出1艘。参赛的捞箩艇一般不超过10艘，每艘艇的参赛人员8～10人。1950年，岛上成立长洲渔业协会，组织5条行河船负责比赛的护航安全，并给每艘参赛鱼花艇配备一艘伙食船供参赛队员补充能量与休息。比赛的奖品有锦旗、金猪、烧酒和鸡等。在锦旗上印上暗含获奖名次的字谜，颇有趣味。从第一名到第十名均有奖旗。龙舟赛的历史传统一直延续至今。

　　西江流域的扒龙舟常借助于地方的有关民间传说，建构成为承载地域认同及维系村落共同体意识等功能的民间体育活动。龙舟赛对村落公共空间、公共生活的构筑与组织具有积极意义。在传统社会，北方地区主要以庙会性质的各类活动来强化社区认同；南方庙会少，以龙舟竞渡的争斗形式表现出社区的强盛，加强村社的内部认同。赛龙舟在长岛村的历史记忆与现实业绩已经外化成村落社区的地域认同符号。

　　有些地区端午的节日习俗及活动除赛龙舟外，还有沐浴江水。在古代，沿江居住的民众因生活生产、住房建筑等易受夏季洪水威胁，对传说中的江中龙王持虔诚敬畏之心，欲通过龙舟竞赛表达对龙王的敬意。此外，人们相信沐浴江水还能祛除人们身上一到仲夏就容易积聚的热气毒。一般在龙舟竞赛结束后，全家老少到江边游泳泡水，让身体充分接触赛龙舟之后的"龙气"，尤其是要用江水拍拍胸口，以预防生疮和生痱子。即使适逢连续暴雨致使江水大幅度上涨，浑浊不堪，人们也要去洗个脚，完成泡水的这一仪式。

（二）七夕泡水

七巧节，也称"乞巧节"，或称之为"拜七姐"，原本是传统社会专属女性的一个节日。在西江流域的下游，与这一节日密切相关的一个习俗却不为人所熟知，即"七夕泡水"。在农历七月初七，梧州西江段的人们不分男女都到河里沐浴（洗七月七水，也叫"七夕泡水"），时间在中午 12 点到下午 1 点之间。每年此时，人们几乎全家出动，不分男女老幼。在外地上学和工作的都会在当天被家人召回家。届时河中人头攒动，村民或在河中畅游，或在水边聚会宴饮，一起泡水。据当地人认为，此时泡水有益健康，能祛除百病，比如对人皮肤有好处，能解暑，防皮肤病等，并深信此日中午的水可以存放百年而不臭、不腐、不变质。整个泡水过程可以持续几个小时，有些人在泡水后直接用各种塑料瓶把河水带回家。妇女们则在午时到水井或河里挑七月七水，储于瓦罐中，或直接饮用，或用来做饭、酿酒等。

（三）中元放河灯、柚子灯节

农历的七月十五是中国传统的中元节，民间俗称"鬼节"。西江流域的人们常在当天晚上放河灯。放河灯原是一种汉族的民间祭祀及宗教活动，用以悼念逝去的亲人，或为自己及亲友祈福，常在每月初一、十五和逝者忌日进行，现在多集中在七月十五日这一天。

广西资源县每年的河灯歌节①最为著名。河灯节的起源与当地的水环境有一定的相关性。历史上，资江是连接桂北与湖南的交通动脉，水路繁忙，但常有舟覆人亡的事故发生。因此，每逢七月十五中元节，人们便会漂放河灯，以祭奠亡者，寄托哀思，并祈祷平安。在资江河畔，民众携形式各样的河灯集聚风雨桥旁，沿河漂放，以怀念亲人，并寄托心愿。外出务工的乡民也会尽力返乡过节。届时万盏河灯齐放，场面颇为壮观，形成了"古来滔滔资江水，月半歌节放河灯；山歌阵阵表心迹，

---

① 资源县将中元节放河灯与当地百姓唱山歌的风俗加以整合而形成"七月半河灯歌节"。

河灯盏盏祈太平"的盛景。最初的河灯主要有"敬神灯""莲花灯""粽子灯"等三种，如今灯式繁多，传统的飞禽走兽、花鸟鱼虫和具有现代气息的几何样式的花灯一同随江水缓缓漂流。

而贺州黄姚的七月十五日则是柚子灯节。人们通常在中元节的前一天扎彩船、做柚子灯祭祀河神与祖先。这一习俗有两个传说，一说是每当春夏多雨季节，姚江江水上涨，以致泛滥成灾，常有人畜溺亡，人们认为是河神在作怪，惩罚世人。尤其是夏天，孩童常结伴去河边玩耍，容易溺水，更要给河神放柚子灯为孩子祈福。另一说是姚江曾淹死不少人，这些亡魂无法安息，常变成水鬼纠缠其他生灵。当地人便在七月十四、十五日两晚放柚子河灯。十四日早上，人们早早起床为家人挑选最好的柚子做柚子灯。采来柚子后，削去蒂部，插上香和蜡烛，简单的柚子灯就做成了。人们在天黑时将柚子灯拿到江边，连串成一条"灯龙"，有灯头、灯身。灯头是由木制的长方形底架和彩纸糊的灯棚组成，灯棚口留有门，左右贴有"风调雨顺""大展宏图""国泰民安"等祝愿语，灯棚里摆有香烛。灯身由多个柚子灯构成。人们将小段的竹子削尖插进柚子灯，柚子灯之间通过竹签形成三角形状的连接，之后将两列柚子灯（一般有108个）串联成灯龙的龙身，最后将这二十余米长的"灯龙"推进河里。当第一束烟花在夜空中绽放时，江面上顿时鞭炮齐鸣，灯火通明，鼓声喧天，宣告着柚子灯节的开始。江面上锣鼓乐队乘着竹排，用锣鼓、唢呐吹出欢快的曲子；舞狮队的竹筏紧随其后，小伙子在狭小的竹筏上表演着高难度的舞狮动作，引来两岸的阵阵欢呼。几个水性较好的年轻人跳进水里，轻轻推动柚子灯龙。灯队顺水而下缓缓漂流，从醉仙榕到兴宁庙。一路上，许多人守在岸边，见灯龙近身时便鸣放鞭炮迎接，以祈来年的丰收、平安和顺利。

放河灯作为传统习俗，曾流行于汉、蒙古、满、达斡尔、彝、白、纳西、苗、侗、布依、壮、土家族等各民族及地区。习俗源自人们为免水上生产或生活遭风暴肆虐，用木板竹片编制小船，载着祭品、香火，漂流水中，向水神献祭以求平安。至今，沿海渔民仍重视这一习俗。西江流域水道纵横，水与人们的生产生活息息相关，因此这一习俗能得以良性的传承与发扬。放河灯习俗的最终定形与中元节的盛行分不开。发展到后来，放河灯习俗在时间、意义及功能上逐渐泛化。在其他节日如春节、元宵节、三月三、端午节、乞巧节、中秋节等夜晚也有放水灯活动。有年轻女性喜爱在七夕节夜晚放流写有对未来美好祝愿的自制小灯笼，以期收获甜蜜爱情和幸福生活。社会的变迁带来思想观念的变化。河灯节逐渐成为人们祈福许愿表达现实需求和心理调剂的主要载体，其娱乐性也逐渐凸显，并出现了传统民俗与商业经济发展、旅游、时尚潮流等相互结合、转化的趋势。

四、其他与水有关的习俗

藤县东荣的妇女大年三十不洗澡而洗脚，"三十洗脚脚头灵"。平南大新地区除夕前几天要淘井，清除井壁杂草青苔，除夕夜男性家长或青年挑桶到井边守候，待旧岁新年交替时挑"旺水"回家。大年初一赶早挑"新水"，藤县地区称"挑长流水"。在岑溪的择偶习俗中，女方父母同媒人一起到男方家"探家门"，考察男方的人才相貌及家庭情况。如果看中，会把写有姑娘八字的红纸装入"贴盒"，挂到男方墙上。男方将贴盒与一碗清水放到祖灵香案上。三天内家中人畜平安，清水内无死虫，便可送聘订婚。出殡遇雨，路上多积水，抬棺人要用脚踢水到别人身上，称"打水仗"。在贺州，若小孩多病，家中老人到三四个外村逐户讨米，用瓦煲煮"乞丐饭"分给自家小孩和别家小孩吃。连煮三天后，老人挑竹筒外出，找九口井，每口井舀一碗水，挑水给孩子洗澡，以祈水到病除。人们在各类仪式中，通过水的媒介作用，实现了驱邪、治病、攘灾等心理诉求，并将其代代沿袭，成为日常风俗。

西江流域的水神信仰复杂多元，与北方干旱地区的水神信仰相比具有较为显著的地域特征。干旱地区的水神崇拜以祈雨和解决用水争端、维护水利秩序为主，西江流域水神信仰的功利性目的集中在平息水患、风调雨顺等方面，凸显的是其地方性。真武崇拜的南移及逐渐地方化，反映了丰水地区对北帝的水德及其水神神职存在高度认同，也表明了南方地域社会对"大传统"的文化整合过程。龙母信仰是当地水生态的文化表现。当地人一方面以自己的方式表述对水的敬畏之情；另一方面，通过一系列的传说（龙母作为地方性的水神拒绝北上及唐宋以后接受回家敕封等），反映了古代社会中远离中原的岭南地区对当时"回家"意志渗入边陲地区的抗拒到逐渐接受的心理变化。屈原水神崇拜则在更大程度上反映了地方社会的移民历史和社会进程。洪考先师崇拜与地方社会的生计模式密切相关，而马援崇拜与三界神崇拜则与当时的民族政策、边疆安定及河道通航等因素相关。

第三章　水与西江流域的特殊族群
——水上居民

西江流域孕育众多民族，以汉族为主，兼有多个少数民族。众多的民族与古代的百越有一定的族源关系，而且丰沛的水资源与近水的自然环境影响到流域内族群风俗文化的特征形成，其风俗习惯留下显著的"水"的印迹。其中的特殊族群——水上居民（疍民）及其文化特征尤为突出。流域众多的河流不仅为他们提供了必要的生存空间，而且他们的日常生活几乎都与水相关。如滨水的生活造就了他们"涉游刺舟"的本领，"以舟为室，浮家泛宅"的居住模式，以及以渔业为主的生计模式等。周去非的《岭外代答》记载："以舟为室，视水为陆，浮生江海者，疍也。"疍民因所处的环境及生产方式的不同，又分为"河疍"和"海疍"。河疍生活在内陆河流，主要分布在西江流域的两广地区，广西的梧州、南宁、柳州及广东的肇庆、番禺、顺德、东莞等地，以航运、捕鱼及水产养殖为生，又称"淡水疍"。海疍，也称"咸水疍"，以捕捞、海运为生，主要分布在沿海港湾。疍民专事水上作业，"以舟为居，以渔为业，浮家泛宅，逐潮往来，江舞海噬，随处栖泊"，故俗称"水上居民""水上人"或"船民""渔民"等，历史上又称其为蜒、疍民、疍家人、疍户。另外，历史上疍民还被其他人群称作"庚定子""卢亭子""白水郎""游艇子"等。

第一节　疍民的由来

疍，古作"蜑"，亦作"蜒"，源出巴蜀（今四川）。"疍户"的名称最早记于宋代《太平寰宇记》："疍户，县所管，生在江海，居于舟船，随潮往来，捕鱼为业。"疍民与古越族关系密切，但其来源多元化。徐松石则根据"蛋"是"蛇"的异体字，而溯源为僚壮水上人通称，应为龙蛇族（伏羲女娲的一支）后裔。陈序经认为疍民的起源与以下几点有关：一是船的形状如"疍"；二是"疍"的造字方式说明"疍"是"艇"的转音。何光岳认为船族最初见于巴中，六朝后移入粤东，分布于广东的融入汉族，分布于广西的则分别融入汉族或壮族、苗族。韩振华认为"白水郎""五航""郭倪""科题""曲蹄""卢亭子"等都是福建疍民的别称，是西瓯骆裸国或闽越国被驱迫而逃亡入海者之后裔。闽粤两地的疍民有渊源关系，但与中、西南地区的"蛮蜒"无关。有关疍民的起源至今并无定论，但主要源自百越族，百越种类繁多导致疍民起源的多源，如秦汉时越人"丛薄之遗民""卢循遗种"及巴蜀原住民、俚僚迁居西江等。百万的疍民人口并不是在同一时期形成的，而是经历漫长的分散迁徙而逐渐形成的，其形成途径也同样是多样化的。无论其来源及历史如何，历史上疍民的族群身份应该以其文化特征为主要依据，如疍民对汉族的自我认同，单一民族身份的诉求和主观意识薄弱，始终与陆上汉人社会有交往等，因此，疍民的民族识别结果为汉族一部分，从属于汉民族文化体系。疍民最早形成于汉晋，唐宋时"白水郎""疍户"作为闽粤一带早期疍民的专用称呼，标志着疍民的基本形成。明代福建疍民分为七种类别，表明疍家族群边界的明晰化。目前，疍民主要分布在两广、海南岛、福建和港澳等东南沿海地区，其中以广东疍民人数最多，分布最广。据陈序经调查，20 世纪 40 年代，福建与两广地区疍民的人口在 100 万到 200 万。之后由于上岸定居、水上运输和渔业兴衰变迁等原因，族群数量日渐萎缩。历史上疍民深受歧视与压迫，甚至与娼优隶皂并列为贱民，不仅课税沉重，还有颇多禁止，如不得读书应试，不得与陆上居民通婚，上岸不准穿鞋等。如今，大多数疍民已上岸居住，其生产生活方式与陆上居民无异。

第二节　西江流域疍民风俗

　　疍民，以舟为家，浮家泛宅，与水为伴，形成水上居民特殊的外貌形体特征及生产与生活方式，形成独特的习俗观念。疍民终日在船上活动，通常臂粗、臀大、腰板宽、腰杆硬，两足内曲。捕鱼等水上活动造就了他们健壮的体格以及善水的技能。疍民形成了以舟为家的居住习惯。他们的生产、生活习俗主要有以龙蛇为自然图腾信仰，早期的他们绣面文身，以像蛟龙；水上生活多风险，在信仰上形成了以龙母、妈祖、北帝等水神为主的风俗，众多与出航等水上生产生活相关的语言与行为禁忌；与水有关的过渡礼仪，等等。

一、以渔为业的生计方式

水上居民自古靠水吃水，《广州杂录》云："疍户以舟为宅，捕鱼为业，或编篷濒水而居，又曰'龙户'。"疍民的经济活动主要包括造船、捕鱼、采珠和水上运输等。由于所居的水域不同，海疍捕鱼还有"讨小海"与"讨大海'之分，前者指在内港捕鱼，后者指出海捕鱼。西江流域的河疍则以渔业和水上运输业为主业。

渔业分为鱼苗装捞业和成鱼捕捞业两种。鱼苗装捞业以南海九江和梧州长洲岛为最。每年 2 月到 3 月，西江的亲鱼溯江而上，选择适宜的地方产卵受精。梧州浔江段的长洲岛沿岸因江面开阔、水势平缓，适合鱼卵孵化成鱼苗，而且鱼苗品种多，先后有草鱼苗、鲮鱼苗、鳙鱼苗、鲢鱼苗和杂鱼苗等。每年的 4 至 8 月（谷雨至立秋）是鱼苗汛期，也是最佳的鱼苗装捞时间。渔民们选择地势平稳、水势平缓且河床为泥沙底的地方，放置鱼苗箩收集鱼苗。捕捞上来的鱼苗经筛、撇、挤等工序去除野杂鱼苗，留下家鱼苗进行养殖或出售。梧州的鱼苗装捞业在民国时期名盛一时，沿江鱼箩成排，鱼苗成为远销各地的上品。渔农也因其装捞、培苗技术常被聘请到全国各地去传授经验。但如今环境恶化，江中鱼苗数量减少，鱼苗装捞业也日渐萧条。梧州的成鱼捕捞区域主要集中在西江、浔江、桂江的干、支流上。根据季节、地形和操作者的习惯等，成鱼捕捞的方法繁多复杂，超过百种，主要选择水质清好、沙滩平缓的水域，拉用大网捕鱼。常用的"拉罟"捕鱼法是三四个人将长约 28 丈的网罟放入水中，人在岸上往两边拖拉缆绳，最多一网能拉到 50 多千克的成鱼。而"七人罾"（也叫"拉大坝"）的捕鱼法需要至少七个人的集体操作。三只鱼艇，一只在前，艇上三人赶鱼入网；两只并排在后，每艇两人撑开渔网。渔民们还结对溯江而上到桂林、南宁一带捕鱼，秋去春回。如今，河水污染严重，河中少鱼，而电鱼、炸鱼、毒鱼等非法的捕鱼行为更加剧了鱼苗枯竭的速度。集体合作捕鱼的方法已无用武之地，渔民们通常夫妻搭档抛网捕鱼；一只小艇，一张渔网，丈夫在船头撒网，妻子在船尾掌舵。年纪大的渔民因体力不支，多用钓具。有些渔民打渔之外还用鱼排养鱼，排上住人，排下拉网养鱼，也叫网箱养鱼。养鱼的收入高，但资金投入多，风险大，回收期也长，只有少数经济条件好的渔民才能从事。

　　在陆上交通不发达时，西江流域河流众多，水运的优势带动了地方经济的繁盛发达及一大批河流沿岸城镇的兴起。以梧州为例，地处三江交汇处，富有舟楫之利。众多的航线上通邑、柳、桂，下达穗、港，梧州成为广西的水上门户。1897年梧州被辟为通商口岸后，河运及商贸更为繁忙热闹。木帆船，旧称"民船"，是当时水上运输的主要工具。最初的民船水运客货混装，后来才客货运分开，木帆船则多用于货运。木帆船多数是由一船一户的水上居民承运。有些船民以人力进行短途"摆渡"，在河的两岸之间载客横渡，称为"横水渡"，往返只需二三十分钟。沿河各处有"横水渡口"供上下客。渡船为木制的有篷船，舱内摆有数张长条木凳和小板凳，一次能载二三十人。船家并不出手收船费，任凭乘客将钱放在凳子上或甲板上。长途的水上跋涉需要丰富的航行经验，因此，船民们流传下来许多"滩路歌"唱叹滩多水急河段的通航要诀，如"贵县开头白鹤滩，杜涌坑口要朝南，船定鹤胸防鹤眼，中堂条路不宜行。东校有名百银滩，船到横龙要朝坑，得里石排行正路，文书坑口石龙横。七星沙面是柿塘，红石屹立东南方，转弯便是油榨石，顺流而下莫慌忙。远望耀团半边墩，'小汪'正路不宜分。出水须防油榨石，三石六水是'大汪'。'油饼'当头要小心，'麻子'相连两座分，船向尖锋防鸟石，跳板莲桥须看真。'大汪'又名叫滩王，行船镇定不用慌。'无仔'沙深两三尺，南边河水可通航。北边'铜鼓'响丁冬，滚滚江水流得凶，'蓝刀'露水三四尺，船向'葵路'左边通。入口近崖碌水滩，'瓦窑'对向要朝南，'糯米'石深两三尺，船宜向北不宜南。"因此，当时的水上居民中有一群专事领船上滩的"舵公"，颇受人尊重，他们航行经验丰富，报酬丰厚，一次需三袋米。20世纪三四十年代，汽船、电船、拖渡因动力足和装载量大等优势逐渐成为主要的水运工具，木帆船只用于短途或市内运输。中华人民共和国成立后，梧州木帆船运输合作社成立并改组为梧州水运公司、第二水运公司、第三水运公司等，其中水上居民占公司职工的90%以上。船只也大部分改良为机动船舶用于长途运输。改革开放后，少数船民开始私营货运。但随着陆运、空运的不断发展，水运的优势不再，专业的"舵公"也不再有用武之地。随着一座座公路桥的竣工通行，载客渡河的渡口也快速减少甚至消失。

二、以舟为家的居住方式

疍民常年居于江海水面，不上岸，只以舟为家。人不离船，船不离水。居住的舟船大的为船，小的为艇。人们俗称疍民的船为疍家艇、住家船、住家艇、连家船、沙艇、海艇等。

一般来说，每户疍民有两艘船：一艘为作业船，是生产劳动的工具；一艘为住家船，是停泊在相对固定的地点供居住。相对贫困的疍家只有一条船，住家、谋生全赖于此。疍民的得名在一定程度上是因为住家船特殊的外形。《太平寰宇记》记载，疍家的住家船船首尾皆尖高，船身平阔，其形似蛋，故称"疍船"，又因其以船为家，故又称"疍家""疍户"或"疍民"。住家船船体长五六米，宽约一米二，一般只能容纳一家人，故称为"连家船"。传统的住家艇多采用全杉木制成。木板上漆刷几遍桐油以防水防腐。船底隔为两层：下层是放空的隔水层，上层是底舱，用来堆放杂物、储存粮食。甲板之上是住人的主舱。主舱上有拱形疍篷以遮蔽阳光和风雨。相对富裕的船家会把主舱盖成有门窗和屋顶的宽敞舱房，穷苦的船家则用竹棕栅为船篷，分为可折叠的两节，白天叠在一起露出船舱以便于劳作，晚上拉开来变成卧室。住家艇的船侧有一双划行的长桨，船舱外侧常挂有灯笼照明，及无底的篾兜饲养家禽。船的前后两部分有圣俗之别，船头是疍民撑篙、撒网的劳作场所，也是疍民的神圣空间，春节时张贴吉利的字幅；船尾放置炉灶，主要用来煮饭、取暖，同时也是便溺之处。船舱中部为疍民日常起居的室内空间，分前后两部分，前舱装载鱼货，后舱作为卧室，放置衣食杂物。舱内船板用桐油刷过，光亮洁净。不穿鞋的疍民在舱内光脚行走，每天多次清洗住家船以保持清洁。现在，船民基本上都有两艘船，住家艇和打渔用艇分开使用。渔艇多为人力或用柴油机做动力的小板艇，方便灵活，适合短程作业。住家艇多是水泥船，船的底盘用水泥浇灌，无动力，需用拖船才能拖动，因此相对固定在某处，不再随意流动。艇上甲板以上及门窗等全是木制，舱顶仍习惯用竹棕篷，上面再加盖油毡布等防雨防水，篷顶上还会放上几块砖头把篷压住以防风。大的住家艇一般分为三部分：小的前厅，相当于门廊；中舱最大，用于日常起居；后舱用作卧室。住家艇的结构功能都有较大改变，讲究明确的功能分区。以前艇上没有床具，桌椅矮小，船民都在甲板上坐卧行走。现在艇上有洗手间、厨房、卧室及底舱杂货区等功能分区，而且生活设施齐备：有床、柜等家具和电视、冰箱等家用电器，做饭有煤炉或煤气灶，船尾用竹席遮住，叫"围厅"，以供排泄。因不再随意流动，每条住家艇编有门牌号，由特定的社区居委会统一编户管理。

在西江流域，疍家的船艇根据其用途和样式，有着不同的名称，如运客过河或供人住宿过夜的有四柱大厅艇、沙艇、横水渡艇、疍船艇等；运货物的有货艇、柴艇、西瓜艇、装泥艇、运煤艇、运米船等；运肥料供应农民用的有运粪艇、运尿艇、运垃圾船等；捕鱼捞虾的有蚬艇、捕鱼虾船等。

三、以河鲜为食的饮食习俗

疍民长年漂泊在水上，靠水吃水，食物自然以河鲜为主，杂粮为辅。疍民"捕鱼而食"，形成了以鱼为主菜，"饭稻羹鱼""粥饭互补"等饮食文化特征。在食材结构上，以鱼等水产品为主，并杂食其他。疍民每天清早出河捕鱼，以捕捞所得到岸上墟市出售或交换大米。但以鱼类为主要食物来源则相对单一，因此疍民也继承古越族人的杂食习俗，凡其他容易获取的动植物也成为食材，"不问鸟兽虫蛇，无不食之"。在饮食习惯上，疍民清早出河，中午才回，形成了一日两餐的习惯。午餐相对简单，一菜、一肉、一锅饭；晚餐聚家同吃，相对讲究，会增加青菜、汤或肉。春节晚餐鱼必不可少，寓意年年有余（鱼），是疍民对新年生活及经济来源的祈盼。在烹食方式上，以熟食为主，生食为辅。生火做饭的炉灶，由以前的土炉过渡到现在的铁皮炉灶、煤气炉灶。烹煮食物的方式主要有炒、烧、焖、炸及打边炉（即涮锅）的吃法。另外，因常年居住在水上，难以获取木柴等燃料，柴火短缺，即使向陆上居民购买柴火，也没有存放的空间。为节约燃料，疍民还有生吃腌制鱼虾的习惯。道光时期的《肇庆府志》记顺德地区的河疍："妇女皆嗜生鱼"。在用餐姿势上，以盘蹲方式为主。由于疍民以船为生活空间，活动空间十分有限，无法安排专门的生活功能分区，一些贫困的疍家甚至连饭桌也没有，只好端碗到船舱甲板上盘腿而坐或蹲着吃饭。这一习惯在他们上岸居住后仍有所保留。

在饮食习俗方面，以艇仔粥、疍家糕、煲仔饭等为主。疍民做饭，往往先煮饭，再到江河捞鱼做菜，或者一边煲粥，一边下网捞鱼。食材原料新鲜，味道自然鲜美，又是在船艇上操作，故被称为"艇仔粥"。屈大均描述过做艇仔粥的场景："舟人妇子，一手把舵筒，一手煮鱼，囊中儿女在背上。"至清代，疍民的"艇仔粥"已成为一种有名的风味小食。到民国年间，在梧州、广州等地的西江河面出现专卖"艇仔粥"的疍民小艇。疍民卖"艇仔粥"还配有专门的咸水歌，如："艇仔粥，艇仔粥，爽口鲜香唔使焗。一毫几分有一碗，好味食到耳仔煜。"如今，艇仔粥已从初时简单的鱼虾、炸花生等几样原料及配料混煮，发展到以海蜇丝、虾仁、猪肚丝、鱿鱼丝、蛋丝、炸花生、鱼片、生菜丝为配料放置在碗底，再用滚烫的白粥冲调的制作方法。

疍家糕又叫大船糕、千层糕，有咸和甜两种味道，是肇庆端州疍家人逢节日喜庆时的独特传统美食，其特点是层层相叠，以黏米粉加白糖等配料，层层蒸制，多达36层，故称为"千层糕"。疍家糕的取材多样，有黏米、芝麻、花生、腊肠、虾米、猪肉等。其制作过程繁杂，先把黏米用清水浸泡软化，再用石磨磨成米浆，并用箩斗隔去渣滓。加入清水、芝麻、白糖（甜味疍家糕的材料）或花生、腊肠（咸味疍家糕的主要材料），搅拌后用勺子舀进蒸糕盆上，铺盖均匀，盖上锅盖，用猛火蒸。第一层熟后再添第二层，如此反复36次即成千层。

另外，捕鱼旺季时收获丰盛，疍民往往将富余的生鱼放在船甲板上晒制成鱼干。海疍尤其如此。鱼干与五花肉同煲成一道经典的咸鱼煲。由于他们常常捕有小鱼虾，且小鱼虾的卖价不高，疍民就将其混在一起做成另一道家常菜——杂鱼汤，简单而鲜美。

西江流域疍民还有流行吃槟榔的食俗。古人认为岭南湿热多瘴疠，而槟榔能抵御瘴疠，因而岭南地区有吃槟榔的食俗，疍民也不例外。雍正时《广西通志》记载了广西"驿吏煎茶茱萸浓，槟榔口吐猩血红"的嚼槟榔场景。疍民认为槟榔能杀菌、清洁口腔，对以鱼腥为食的他们而言还有避腥、防病的功能。

四、服饰习俗

由于常与水打交道，疍民不分男女老少无论春夏秋冬都是跣足，以至于不穿鞋成为区分水上居民与岸上居民的族群标志。疍民的女性全是天足。疍民的衣着与水上生活相适应，上衣多短身窄袖，男裤偏短，女裤偏宽，俗称"船民衣不盖肤"。女装为阔大袖口、宽短裤脚的黑布斜襟样式，俗称"边扣衣"。男女都穿着短、宽、窄袖的上衫，宽短的裤子及于足踝之上。疍家人一般都有戴海笠的习惯，海笠可遮阳挡雨。疍民妇女多在头上戴狗牙毡布，即用一块 2.5 尺×2.5 尺的黑色方布来包头。穷苦疍民一般衣衫褴褛，破旧的衣裤上补丁加补丁。疍民分散在东南沿海及珠江流域不同的地方，服饰也稍有不同。

五、言行禁忌

由于长期的水上生活既艰辛又多风险，疍民的日常生活禁忌相应繁多，其中忌"翻"的禁忌最多，例如煎鱼时不许翻面，吃鱼时忌把鱼身翻侧，不吃鱼眼睛，担心吃后会眼睛模糊看不清航道而容易触礁出事；饮茶、吃饭用完碗碟忌覆转放置，水手不得翻卷裤脚，因为这些动作都意味着沉船；言语中忌讳讲翻、沉、退、倒、慢、横、搁、逆、破等语，如将"幡布"称"拌布"；为忌"沉"字，盛饭改作添饭。且吃饭时，出于"船底拖沙"的忌讳，匙羹不能拖拿；出于"船搁浅"的忌讳，筷子不能直插在饭碗上；因"翻船"忌讳，碗碟不得倒置，点蘸酱油时不能在碟中把食物来回搅动，倒水也要称为清水；行船时忌讳问"到什么地方？""几时可到？"忌别人在自己面前说不吉利的话或者做不吉利的事。坐船时忌背着或背靠神位，要尊重佛像及不致碍了佛像远望前方；岸上人下船必须脱鞋，避免踏翻他们的船艇；忌讳客人揭舱板、看舱底；船过险要河域时要大烧香烛、纸钱、元宝。船妇一般不到前舱去，吃饭也要隔着布帘把饭送出去给丈夫，生小孩、带小孩也都在尾棚。妇女不能跨过船头，怕不利捕鱼。另外，每年的第一次捕鱼，忌讳有船只从自家船头前横驶过去，因"拦头截腰"为大不吉；晾晒渔网时，忌别人从网底下钻过去；船上有人去世，邻近的两艘船艇要簪花挂红。由于生活在水上，孩子会爬动以后，家长要在孩子的背上系一个浮漂，并贴上符咒以防孩子溺水。

六、婚丧习俗

疍民的婚俗主要有族群内联姻，但同姓不婚，不与陆上人通婚，实行一夫一妻制，并且依媒妁之约，行船家礼。男女青年一般通过唱情歌来交友择偶，谁家有未婚男就在船尾放置草盆，若有未嫁女便放一花盆以招亲，"其有男未娉，则置草盆于梢；女未受娉，则置花盆于梢，以致媒妁"，婚时以蛮歌相迎，"男歌胜则夺女过舟"。经媒人介绍，双方家长会面后将两人的生辰八字交给媒婆合对，若不合，需打发媒婆"利市"；若命相相合便择定吉日，商讨礼金，并奉上"利市"和烧猪、鸡、酒等物以"谢媒"。女子出嫁前夜与父母、亲友在自家船上行"坐夜礼"、摆歌堂，与相好的船家姐妹聚在一起，唱《哭嫁歌》。姐妹们同哭三天三夜，称叹命。新娘唱自己的离情别绪及将到新家的忐忑心理。姐妹女伴和亲友们唱"伴哭"歌，劝导新娘嫁后要孝顺翁姑，与新家和睦相处等。迎娶前，新娘家还举行"绕台围"仪式。在船头摆一张四方桌，桌上放有一对喜烛、一盆柏枝桂叶、一盆四季橘、一只煮熟的架摆成凤凰展翅的线鸡（又叫凤凰鸡），另有通书、算盘、猪头等以及若干花生米、纸球等，桌台四个边角各放一盏马灯、一碗糯米饭。先开烛、点烛、上红（给新娘送红绸）、戴花、上头（梳头），然后由一位德高望重且善歌舞的老人领头，伴娘执花伞，几个同龄姐妹执灯笼将新娘围在中间形成船形，围绕着桌子边歌边舞。绕台人员由新娘和五个女伴组成，一人扮头工，手拿一把黑雨伞，伞口用线扎住像是大桨；一人作尾忙（舵），手抱一张卷好的硬席象征船舵，站在队伍的最后；另有一人扮办房，两人作伙计，和新娘一起站在中间，六人一起排成船形的队伍。首先由新娘开唱，从天、地、龙王、日、月、祖父母、观音、花王圣母、爹妈、兄嫂、舅父等依次咏唱，大多数的歌是触景即兴演唱，而主题多与舟、水相关，如"众位啊，小艇开近你栓稳阵啦，竟然流艇你莫过柴台（起哄）呀。外面北风浪正大呀，要看众姐妹唱晚歌堂呀"。唱完后，其他五人才接着唱和。边唱边模仿小船在水中摇摆前行，寓意新人婚后生活如水中行舟，须齐心合力方能顺顺当当。至此，绕台围仪式才算结束。到吉日清晨，男家用披红挂绿的彩艇（或礼艇）迎亲。礼艇上插有青翠的竹枝，四面有彩旗，前两面为红色，后两面为青蓝色，船头挂着一对大灯笼，上书"某姓迎亲"。船上用茶盘装着至少 36 盘的花生、桂圆、细米、糖饼、鸡、猪肉等礼物。礼艇一般由四名女子来划，边划边唱。如梧州疍民唱：

　　　哎！船头插竹枝呀，龙（啊）船呀

　　　　出（呀）海打锣又打鼓呀

小伙你听声呀，我是礼（啊）船哪

游落街边啊

柳州杉木（就）界板（就）装宝舟呀

柳州（呀）什么木做梁头

四边竹篙（就）四边桨呀

四人（哪）划落海要了娘返来

日间（呀）娘养大红粉娇娥呀

哥要我去啦

四人破篾（就）四人织呀

四日工夫（就）箩织成呀

　　靠近女方船时，男女双方要对歌，女方歌手有时还故意刁难，男方的歌手必须能"唱"会"答"，双方以问答歌的形式施展才艺，男方只有对歌胜利才能接走新娘。歌谣内容以前大多是社会黑暗、生活凄苦、生计艰难等，现在则感叹新旧社会对比、亲情深厚、友情可贵等。新娘身穿黑衣裤，头顶红盖头，手打一把头系红绳的黑伞，由伴娘扶过船去。男方的青年人会故意摇晃礼艇，新娘若能否稳当走上喜船，就会赢得为人稳妥、能经得起风浪的赞赏。新娘上船后，新郎要用扇子在新娘头上打三下，以示夫威。新郎还站在凳子上，将手平举，让新娘从手下走过，表示新娘日后温柔恭顺，勤俭持家。然后新娘换上一套由男方新置的黑色衣裤，称"碌水衫"，与新郎拜堂行礼。喜船在河面慢速航行，遇到船只时会主动敬送喜烟喜糖。婚宴在船上举行，请亲友把船泊在一起摆席，也有人租用专门用来摆酒席的排船。家境好的会宴客三天，分为迎亲酒、大酒、散酒。婚礼结束后要给前来帮忙的船头分撒细米、糖饼以"分仓"表示谢意。

　　疍民喜唱疍歌，据统计有以下几类：贺年歌、婚礼歌、打情骂俏歌、姑嫂姑妹歌、行船歌、下水歌、咸水歌、撑疍家艇歌、丧葬歌、高堂歌等。

　　在未实行火葬制度之前，水上居民的丧葬习俗以土葬为主。尽管他们生前在水上漂泊，但仍有死后入土为安的观念。老人去世后，家属一面遣人到外家去报丧，一面买棺木停设在岸边。等外家亲人到后才能入殓，仪式由舅父主持，子女在棺前低头下跪。装棺后孝子孝女按男左女右的顺序跪在棺边守孝，唱哭丧歌，回忆死者生前的经历及恩德。出殡前孝子孝女吃饭时不能上桌，其他事情也需请人帮忙。主家给帮忙的人派"白利市"，几分钱或几角钱不等，但必须是单数。隆重的丧礼还会有八音和喃呒（道士）打斋做道场，一天一夜或三天三夜。出殡日也选在单日，土葬的坟地一般选在当时住家艇停靠地附近的山上。出完殡后孝子要给参加葬礼的人派发"利市"。若是 80 岁以上的高寿死者，孝子还会派发一个寿碗，意为添福添寿。子女还可把死者生前穿过的裤子拿回家去压衣箱底，因为白话中"裤""福"音近。葬礼过后做"三七"，也有隔年"捡金"的二次葬习俗。

七、神灵信仰习俗

疍民逐鱼而生，在水上漂泊生活，"居无定踪"，族群组织较为松散，族群意识及凝聚力不强，缺乏浓厚的宗族意识及血缘纽带，群体的聚散仰仗于江河地域的渔获情况。以舟为家的流动性生活，导致了疍民彼此之间难以形成固定的联系，而且社会地位低下，不能上岸居住，没有土地，宗祠无设立之处，又无法接受教育，文化水平低，不懂撰写族谱，因此，疍民的祖先崇拜习俗不同于陆上居民的严谨，没有族谱、祠堂，只懂得祖父辈以下的血脉承传。住家艇上设有供奉祖先的神龛，但祖先神位只写"某姓门上列位祖先"或者只字不写，也没有祖先遗像，每逢年节装香上祭。

疍民的民间信仰体系非常庞杂，有普遍信奉龙（蛇）、观音、天后，也有普遍信奉关公、马援等历史人物。如邕江疍民普遍信奉龙（蛇）和观音菩萨，邕江东岸立有三界庙，源自疍民以船为庙供奉邕江里镇妖消灾的神龟——三太公，其神像前还有两盆青蛇盘绕的椿树。每逢出船，疍民要先到三界庙中拜祭祈求航行平安。相传南海观音脚踏神鳌，平风定浪，所以为水上居民所崇拜。汉代马援将军出征交趾时除掉了湍急江水中的大礁石，人们便在郁江乌蛮滩的北岸兴建伏波将军庙。凡经过的船只必鸣放鞭炮或鸣笛三声以求安全过滩。每逢伏波庙诞期（农历四月十四），南宁、百色、钦州、贵县、桂平、横县等地的疍民都前来拜祭。疍民崇拜龙神，所以不允许人在船眼（又称龙眼，即船头上的两个木孔）上放东西或作为座位。广东疍民以祭祀天后和蛇神为主，还有祭祀龙母、关帝等。天后诞日（农历三月二十三）是他们一年中除春节以外的最大节日，又称"送大舅节"，据说是天后娘娘的大哥要来为其贺诞。当日，无论身处何处，疍民都要赶回来烧头炷香。

在疍民的民俗信仰中，以龙母崇拜影响为大，尤其在西江流域的两广地区。此地既是疍民的主要分布地，也是龙母庙的集中分布区，主要有广西的藤县、梧州、岑溪大竹村、南宁武鸣县大明山，广东的肇庆城区及德庆、珠江三角洲沿江以及香港坪洲（悦龙圣苑）等地。龙是中国神话中司水的神物，水上生活的疍民，自称"龙户"，自然以龙蛇为主要的崇拜神灵，龙母传说也相应而生。传说龙母姓温，出生在梧州藤县，成长地在广东德庆悦城。各地的龙母庙以广东德庆悦城、广西梧州、藤县的龙母庙最负盛名。梧州的龙母太庙位于梧州市城北桂江东岸，桂林路北端，始建于北宋初年，明万历、清康熙、雍正年间重修。悦城龙母祖庙坐落在德庆县悦城镇的三江汇流处，始建于秦汉时期，疍民重建于清光绪年间。各地龙母庙的建筑形制及龙母拜祭习俗等都体现了以龙为主题的文化形态。每遇龙母诞期，行至龙母庙三里之内的经航船只必鸣笛打锣，烧香点烛，向庙前致拜。船只到庙前河面要停船上岸入庙参拜，敬香奉烛。

水上居民还信奉崇拜土地神和镇舟之神。他们在船头贴有土地神位，也有不贴神位的，但在船头烧香时多奉一份给土地神。行船靠岸，要给当地的土地神烧香，船头三炷，岸边三炷，向其禀报在贵地借宿并祈求保佑。镇舟之神是水上居民敬拜住家船的"龙骨（木船底部最主要的轴）"，造住家艇时必须择吉时安放，平时以香火敬之以求船只平安，并禁止踩踏，禁止来月经和怀孕的妇女从上面跨过。

唐时道教兴盛，岭南地区的道观建筑也形成一定的规模，梧州的白鹤观便是一例。道教与水上居民的神灵信仰也有掺杂。至今，梧州仍流传白鹤仙女教渔民捕鱼的民间传说。传说鹤冈是白鹤的集聚之地，此地藏有一颗"红宝珠"，放入河水中能引来鱼群。当地渔民视为捕鱼的珍宝，都想上山寻得宝珠以保丰收。青年渔民黄亮冒险上山寻珠，意外遇见白鹤仙女云姑，而云姑就是曾被弓箭射伤经他救治的白鹤的化身。白鹤仙女云姑为感谢黄亮的救治之恩，愿与他结为夫妻，并拿手中的红宝珠帮助渔民捕鱼。年年丰收的渔民们都非常感激白鹤仙女云姑。后来，红宝珠被当地渔霸夺走，白鹤仙女云姑严惩了渔霸，但红宝珠却跌落在鸳鸯江畔，变成了一座山（即现在的珠投岭）。至今，鸳鸯江上渔民还有模仿红宝珠用灯光诱捕鱼群的捕鱼方法。

八、肇庆河疍

西江下游的肇庆端州区厂排街一带曾聚集人数众多的水上居民。明朝以后，西江商贸交通运输繁盛，肇庆的河疍从事打渔、载客或载货运输，宣统时的《高要县志》卷十一载："彼此往来，全恃帆船，以故夹岸下碇，帆樯如织。而舵工、舟子之属，赖以谋生者辄数千人。肇河水面之繁盛，固可念也。""舵工""舟子"多是指此地的疍民，其族源相对复杂难辨。

远古时期，专居于水上的西江当地居民群落，在历代文献记载中先后有"雕题国""鲛人""文身国"等称呼。至汉代，两广及江浙等地未融合到汉族中的这部分水居"雕题"原住民发展为"鲛人"，并因与汉族交往过少而被过度神秘化，典籍中的记载颇多神话色彩。南北朝后，卢循起义失败后被杀，其余众经西江走交州逃亡水上，时称"卢亭人"。交州之俚与宁州之僚大量迁居西江，部分人舟居西江。唐初，巴蜀原住民、流民起义失败，大量余众迁居西江流域。岭南地区始有"蜑"的记载，并开始计丁输货于官。晚唐以后，自巴蜀南迁西江的蜑族主要分化为陆居者，并随俚僚汉化，另一部分为舟居者，与原舟居于西江的文身鲛人、卢亭人等遗裔融合而成西江蜑族。宋时，政府设沿海制置司管理东南沿海的海防安全，并在沿海建立多支水军，还以西江疍户增置广东水军 2000 人，收编了部分西江疍民，加强了对疍民的有效管理。元代，清康熙《肇庆府志》记载包拯在端州（今肇庆）任职，"地方千里不识，贼盗吏无叫嚣，水蜑山猺熟化奔走，恩威并著"。此后，西江疍民多次起义反元。元末，高要疍民起义被镇压后被收编为广东水军。元代开始设置河伯所对疍民征收渔课，至明代，发展为一套严密的渔政制度，兼有向疍民征收渔课的经济职能和管理疍民的政治职能。明代肇庆府分别在高要县、四会县、阳江县、德庆州、封川县等地设置河伯所。明洪武年间，广东疍民被朱元璋部下收编。之后，南雄侯赵庸镇压广东疍户首领，收编万余疍民为广东水军，其余疍民编户立里长，属河伯所辖（治所在今肇庆天宁码头），每年向官府交纳"鱼课"，并设立肇庆水哨，后成为两广总督直辖的肇庆水师营。宣德年间，高要入编的疍民有 808 户。正德年间海道副使汪铉发起屯门之役，指挥肇庆水师营中疍民出身的水兵潜入水底凿破洋船，击败葡人。明朝中后期，河伯所与渔课制度遭破坏并被裁革归并，河伯所数量逐减，至清末几乎不存。明清两代，政府对疍民出海打渔进行严格管理，"大小渔船逐一编号"，"由县发给牌照"，"只许早出晚归"，导致疍民生活困顿。明崇祯《肇庆府志》记载，唯有春末夏初的捕鱼旺季尚能饱腹，"其捕鱼之利惟春末夏初，西潦泛溢，稍可博一饱"，而平时则多数缺衣少食，"贫乏者一叶之蓬，不蔽其身，百结之衣，难掩其体"。为寻求新的生存空间，疍民或选择冒险上岸，或入海为盗。此后，疍民备受歧视，不准上岸定居，不准与陆上人通婚。黄佐《广东通志》记载，"疍户者，以舟楫为宅，捕鱼为业。同姓婚配，无冠履礼貌。愚蠢不谙文字，不自记年岁，此其异也。"由于疍民在历史上遭歧视，疍民多次起义反抗官府，被镇压后肇庆疍户数量骤减。

清中期，疍民户籍解禁，可上岸定居，朝廷划定以当地河中鱼苗、禾虫、虾、蚬、鱼埠等资生。高要的迎塘、新江、杨柳、笋洞等疍民2600余人享有72个鱼埠的使用权，但需交纳鱼课。课银沉重，疍民生活困苦。《肇庆府志·疍族》记载："虽隆冬霜霰，亦跣足单衣。……婚娶率以酒相馈遗。群妇子饮于洲坞岸侧，两姓联舟多至数十，男女互歌。男未聘则置盆草于梢，女未受聘则置盆花于梢，以致媒妁，婚时以蛮歌相迎。……妇女皆嗜生鱼，畏见官，豪右有讼之者，则飘窜不出。其捕鱼之利，惟春末夏初，西濠泛滥，稍可博一饱。贫乏者一叶之篷，不蔽其身；百结之衣，难掩其体。岸上豪蠹，复从而凌轹之。海滨之叫号，无虚日矣。肇庆惟高明、恩平、广宁无疍，高要、德庆摄于崧台、寿康驿，仍听差遣。"

肇庆疍民以麦、濮、苏、吴、何、顾、曾七姓为主。疍民健壮的体魄和良好的水性，是政府水军的最佳招募对象，清代后期多数疍家子弟投军为广安水军，辛亥革命后，改为广东江防司令部。鸦片战争前林则徐在广东禁烟曾招募大量"渔民疍户"组成水勇，出击沿海的英国侵略军。民国时，鱼埠鱼课濠租沉重，疍民只得靠岸担饷。但土豪士绅与疍长勾结，占有大部分的鱼埠经营利益，疍民无以资生，部分疍民妇女被迫为娼，集中于南门河（今肇庆西江岸边的西江体育场）上的花艇群。中华人民共和国成立后，疍民陆续上岸定居。1982年，西江上210多个水上居民住家棚艇全部拆除，988户水上居民全部上岸定居。

九、梧州河疍

广西境内的疍家有着较为悠久的历史，早在宋代，钦州生活着三类蛋家："一为鱼蛋，善举网垂纶；二为蠔蛋，善没海取蠔；三为木蛋，善伐山取材。"陈序经调查广西境内蛋家的大致分布，"在广西，从梧州经过南宁的大江，或从梧州到柳州的北江，均有蛋民的踪迹，而以梧州最多。次为柳州和南宁"。可见，西江流域广西境内主要以河蛋为主。今以梧州为例，稍作论述。梧州蛋民起源于先秦时期两广地区的越人，清代《苍梧县志》有完整记载，"昔秦始皇使尉屠睢监史禄凿渠通粤，杀西瓯王，粤人皆入薄业中，莫肯为秦，意此即其遗民欤。唐宋时散于洲渚间，明洪武初编户立长，属于河泊所。岁征鱼课银二十八两七钱八分五厘。大抵皆舟楫为居，不通土人婚姻，不事耕织。其散处有扁舟枝桨，衣不掩骼。近市者兼业造舟或习舵工，岁有余资。在梧厂充当把水，其利浸厚，有胜于诸户矣。原分八甲：梧城甲、沙尾甲、长行河甲、平涌甲、泗化洲甲、榕树潭甲、黎埠喙甲、（外界）安平江口甲。按安平江口甲。按蛋户今聚泊于梧城戎圩下郭、泗化洲、榕潭等处。在县当船水手、纤夫各差。其充梧厂巡役者多致富，骎骎欲自比于士人。其在东安江者自为族类。此外驾小舟聚泊城下及两岸江干，不下千余。皆以一人荡两桨，俗呼桨艇，盖读孖如嘛骂平声也。往来梭织。自浮桥废后专藉此载货渡客以为生。水西坊保长主之。……雍正七年谕曰，粤东地方四民之外别有一种名曰蜑（蛋）户，即蛮之类，以船为家，捕鱼为业，通省河路，均有蜑船，生齿繁多，不可数计。粤民视蜑户为卑贱之流，不容登岸居住。蜑户亦不敢与平民抗衡，畏威隐忍，踞蹐舟中，终身不获安居之乐"。①

据清宣统三年（1911 年）梧州盐务局统计，梧州人口 5.3 万，其中陆上居民 3.8 万，水上居民 1.5 万。时隔四年（1915 年），据英国驻梧州领事署统计，陆上人口 6.78 万，水上人口约 3 万，从清末到民国初年，梧州城区陆上人口与水上人口的比例为 3∶1 左右。此后，因城市扩建，陆上人口比重增大，1926 年，陆上人口数量为 9.33 万，占总人口的 90.85%，水上人口 9410 人，占总人口的 9.15%。其中苍梧蛋户较为集中，原分 8 甲、298 户，聚泊于梧州戎圩、下郭、泗化洲、榕潭等处，20 世纪 40 年代初设置鸳鸯乡将其编入。到中华人民共和国成立初期，水上居民增加到 1.66 万，占总人口的 14.94%，1954 年达到最高值，2.39 万，

① 〔清〕王炳坤修，王栋纂：《苍梧县志》（清同治版），苍梧县志编撰委员会办公室 2010 年内部刊印本。

接近梧州市区人口的 50%，占总人口的 21.16%。此时正值梧州商贸发展的黄金时代，也是梧州水上居民的黄金时代。当时梧州市没有跨江大桥，三江两岸的往来交通全靠摆渡。在桂江两岸、西江北岸及浔江北岸，停泊的船只连绵十余千米。因繁荣的渔业及繁忙的客货航运与市内交通，水上居民成为当时经济收入较好的社会群体。此后，随着 1969 年梧州市第一座大桥——桂江大桥的建成，摆渡业开始衰落。先后 5 座大桥的修建通车，连渡口也随之大量消失。疍民逐渐移居岸上，比重逐年下降，到 1992 年，水上居民仅有 2726 人，占总人口的 0.93%；大体分布在桂江二桥以上河段和西江的云龙桥以下河段，分属梧州市万秀区的南中社区和云龙社区管辖。随着陆上交通的快速发展，水上航运业也逐渐衰落，西江、桂江、浔江的千舸竞渡、日进出港货物上万吨、进出港旅客 3000 余人的繁盛景象已成回忆。20 世纪 60 年代末和 21 世纪初，政府先后两次组织一定规模的疍民上岸迁居，由政府分给土地和住房，户籍编入当地村镇，开始逐渐与陆上汉人同化，但仍有部分疍民抗拒上岸，留守在舟宅。目前这一群体大约 1200 人，当地人称之为船民，以黄、麦、彭、李四姓居多，大部分是 20 世纪五六十年代从藤县、苍梧、平南等地迁来，其中有一部分是抗战时从广东迁来的，主要以打渔为生，分布在桂江二桥以上河段和西江的云龙桥以下河段，分属梧州市万秀区的南中社区和云龙社区管辖。

西江流域经济具有鲜明的区域特征，流域各族群因自身的文化特点而形成独特的谋生方式，并共同构成西江流域完整的经济利益链。桂南广府人、桂柳人、平话人、布依人及部分客家人以农事耕作为主，产出大米、水果、甘蔗等农产品。山区苗族主要提供山珍、中草药。瑶族提供木材以供房屋建筑及西江航行船只所用。疍民主要负责西江货物流通的航运。夏天汛期，融安、平乐的瑶族将收集来的山货、农产品等放木排下到梧州，转给广府粤商收购，再由疍民经西江运到广州。因此，历史上西江一直有疍家纤夫和他们的劳作号子。

第四章　水与西江流域的灾害文化

灾害首先与自然环境有关，但人类行为对自然的影响力也不容忽视。灾害的发生是一个复杂的自然、生物和社会文化的互动过程。人类社会的"社会脆弱性"对灾害具有怎样的解释效力还有待进一步的验证。在特殊的地理环境中，人们在应对频繁灾害的过程中，形成了一套地方性知识体系，塑造了不一样的灾害观。而且，灾害发生时，个人、家庭、社区以及国家等相互之间的关系呈现出不同于常态环境下的面貌，村落命运共同体意识得以激发，将个人、家庭与社区紧密捆绑，有利于社区公共意识的维系。

灾害的发生离不开特殊的地理环境，在河网密布的大江大河流域，洪涝是最主要的灾害形式。西江流域同样如此，洪涝灾害频发，尤以中下游为甚。洪涝灾害主要有局部地区因暴雨引发的山洪暴发；城镇因暴雨或久雨排水不畅引起的内涝；台风暴雨引发大水，河道狭窄或弯曲太多，排洪不畅而引起或加重水灾等。其中广西由于地理环境复杂、河流的特殊分布、特定的气候条件以及防洪体系的不完善，洪涝灾害更显频繁和严重。另外，人类乱砍滥伐、掠夺式的开发造成水土流失，城市发展空间的不断扩大致使河道变窄，建筑堵塞水道等致使灾害的发生更为快速和严重。诸多因素综合形成了西江流域洪涝灾害的高频易发特征。洪灾可分为局部性洪灾、流域性洪灾两种。局部性洪灾主要发生在西江及其支流的上游地区，由局部性暴雨造成；主要特点是河水外溢严重、破坏力强，但是持续时间短，淹没范围小。流域性洪灾主要发生在西江中下游地区。该地区主要特点是人口稠密，故受灾损失严重，尤其是梧州和肇庆等地。广西境内地形复杂，地势西北高、东南低；区内 85% 以上面积属西江水系的汇流面积，在梧州形成总汇合点，而上游多丘陵，河床坡降大，桂西北地区容易山洪暴发及内涝，中下游河床狭窄，排泄不畅，容易形成"峰高、量大、历时长"的洪水；年平均降雨量达 1500 毫米左右，且降雨的时空分布极不均匀，70%~85% 集中在汛期的 4 到 9 月，年最大降雨量高达 5006 毫米；目前西江流域的防洪体系还很不完善，如缺乏流域控制性防洪工程、沿江防洪仅依靠单一的堤防工程，沿江现有堤防工程标准较低，城市防洪标准低，现有防洪工程隐患多。有资料记载，广西自宋代 961 年到清代 1911 年间，发生水灾共 765 次，从民国元年到 1949 年，共发生水灾 327 次，1950 年以来，每年都有不同程度的洪水灾害发生。

第一节　西江流域村镇的传统防洪排涝方略

早期社会，人们为躲避水患，村落的选址往往优先考虑"高毋近旱而水用足"的高地势地区。随着人类社会的发展，江河带来便捷的交通条件与便利的生产生活条件，许多聚落往往在河流流域沿岸形成。为了顺应自然，在不阻塞河道、不改变河道流向的前提下，同时尽量保持水土以减少泥沙的堆积从而抬高河道基地以免造成洪灾，人们通常以修筑堤坝等方式进行被动式防洪。人们还充分利用自然的地形地貌，将低洼积水区开挖为成片的基塘，用来储蓄过量的雨水。这就形成了古代防洪"修堤防重疏导""排蓄一体"的防洪策略。之后，古代的城市逐渐形成了"防、导、蓄、高、坚、护、管、迁"的八条防洪措施。西江流域的城市防洪也不例外。但就传统村落而言，政治、军事、经济功能相对较低，在防洪排涝的方略、措施上有所不同。传统村落的自发式发展自然也形成了一套自有的防洪生态智慧。

一、"八防"的防洪方略

"防"主要包括村落选址多在高处、建筑高外墙、高台基、堤坝等方法抵挡外水的入侵。"导"指的是对河流水系的疏导以及对地表雨水径流的快捷的排泄排导。一是疏导村落外围的水系河渠，使之通畅流动从而降低水位，避免对村落产生洪灾隐患。二是规划建设村落内部的排水系统，在暴雨时可以安全迅速地排出降雨积水，避免内涝灾害。有些村落内开挖河涌水道，成为村落内部排水系统的组成部分，村落内的排水沟管的积水汇入河道中，再由排水沟排到村落外围的自然水系中，村落内部水系变成自然水系的一部分。"蓄"是利用传统村落中具有调蓄雨洪功能的水池、水塘等，由基塘、水池、风水堂、沟渠等组成。通常来说，河渠水系既能蓄水也能排水，因此，调蓄系统常与排水系统两者相互配合、相互补充。"坚"，一是选址必须坚硬坚实，障水系统构造必须坚硬坚实以抵御洪水侵袭。二是建筑自身的构造坚硬坚实，当障水系统失效时，可以依靠建筑外墙进行防洪。三是村落选址的地基或者高台基要坚硬坚实。为了避免洪水对河流凹岸上村落的直接冲击，村落基址常选择在凸岸上，如肇庆市的大浪村。"高"不仅指村落选址于地势较高之处，同样也指建筑单体常建在山丘、小岗等高地上或人工修筑的高台基之上，如肇庆的蚬岗村、黎槎村。

"护"与"管"指的是对防洪构造、基础设施的维修维护及日常管理。台基、沟渠等防洪构造经长时间的使用以及雨水的冲刷，会出现损耗，需进行日常管理与维护，例如顺德杏坛的逢简村，设有专门的涌长，将每条河涌划拨给专门的人员进行日常维护管理。"迁"对于村落而言，主要是在洪涝灾害发生前将财产物资转移，避免被洪水淹没。例如，槎塘村就是黎槎村的村民为躲避洪水搬迁形成的聚落，顺应北高南低的地势在小山坡上修建而成。

传统村落防洪方略表

方略	在传统村落防洪中的体现	
防	体现在规划层面，考虑村落的选址	村落选址
坚	体现在村落选址，村落选址、建筑坚实	
高	体现在村落选址，选择较高之处，避免洪水侵袭	
导	疏导村外水系，建立村内排水系统	排蓄系统
蓄	基塘具有调蓄洪水的功能	
护	维修、维护，确保防洪设施的正常运转	维护管理
管	主要指对防洪设施、构造的管理	
迁	洪灾发生前，将村民迁移至安全地带	

二、村落类型及其防洪排涝系统

（一）梳式村落——槎塘村

　　槎塘村位于肇庆市回龙镇，是典型的梳式布局。据《高要县志》记载，黎槎村是苏姓、蔡姓两大家族迁移而来组建的移民村落。村落依据地貌特征，建在前低后高的缓坡上，村前有人工开挖的水塘，村后靠近山坡种有大量的树木，整体呈规整的棋盘状，周边有基塘环绕。北高南低的地势有助于村落的自然排水，巷道排水沟顺应地势修筑，将水汇集到村前的汇水沟，进而通过暗沟将水排到村前基塘。槎塘村的防洪系统包括排水系统、调蓄系统及障水系统。排水系统由巷道一侧或两侧的排水沟渠组成。横巷的雨水汇集到纵巷，然后借助地势排到村落前的汇水沟渠，通过明沟或者埋在地下的暗管排到村落前的池塘。有的直接是依靠路面排水，故巷道铺装平整，减少排水的阻力。调蓄系统主要靠村落周边环绕的基塘进行雨水调蓄，与自然水系统一，通过人工开挖将部分水塘串联，将周边的天然水系构成一个需水量大的调蓄系统。障水系统主要是利用建筑外墙来起到阻水的作用。建筑用统一的青砖作墙体，地势较低的第一排建筑用房屋当墙，门口向里开，形成一堵坚固的围墙，抵挡洪水。村民对村落水系进行人为的疏通、开挖，以及顺应地势组织水系流通、汇集。同时将人工开挖的水系与周边原有的自然水系整合成一体，构建了村落的"有机水系"，使槎塘村在很大程度上规避汛期洪水对聚落的破坏，同时在旱季蓄水，保证村落的生产生活。

（二）网状水乡——逢简村

　　逢简村位于佛山杏坛北部，濒临西江的支流顺德江。由于当地密集的河道水系存在重大的洪灾隐患，因此，逢简村选在河网平原较高的地方且位于河道水系弯曲处，尽量减少河道水流对村落地基的冲刷以及河涌水道溢洪的风险。水乡的空间形态主要依靠天然的河涌水系划分，同时大面积的基塘环绕四周。河涌蜿蜒曲折，建筑、道路依附水系而建。村落具有防洪作用的天然水系，由村内的河涌、基塘以及村外过境水系组成。村外围的过境河道限定了村落的边界形态，具有泄洪的作用，将村落内部汇集的雨水排至周边的河湖水系。为了防洪排涝，村民在村落外围挖泥堆积，挖宽河道，利用河涌水系的泄洪能力进行排洪，逐渐形成"护村河"。逢简村河涌复杂，具有蓄水、排水的作用，以基塘为主的调蓄系统在防洪中起到重要的作用。村内主要的河涌水道连接村落内外的天然水系与人工水系，既是通航的主干线也是村落主要的泄洪排水渠。基塘密布，由最初的自由分布、形状不一的自然有机形态发展到基塘开挖连通，形成规整的方形形态。村民将自然形成的洼地水塘挖通，连成一片，增加蓄洪能力，将防洪排涝和充分利用水资源促进生产相结合，形成生产生活与环境相协调的防洪范式及复合高效的土地利用模式。

（三）放射式村落——黎槎村

放射型聚落通常就是指"八卦"状的传统村落，主要分布在西江流域的高要区，是岭南地区广府民系的传统村落，但与广府民系典型的梳式布局不同。两者的聚落选址、空间形态、建筑布局、防洪排涝系统等都有所差异。

其一，村落是根据地形进行设计。"八卦"形态村落通常见于山地丘陵地区，黎槎村选址于地势较高的缓坡山冈——凤冈上，村落依冈而建。并在天然的基础上人工修筑 2 米左右的高台基，以保证最外围的建筑能够建于台基之上。村落利用山冈的自然地势高差，将村内的雨水快速排出村外，利用山冈和高台基避免洪水侵袭。其二是以密实的建筑外墙、门楼来抵御洪水。村落最外围建筑的门都向内而开，外墙封闭，要么不开窗，要么选在距离地面较高处开窗。村落分为数个居住单元，但只能通过里坊门楼出入。在里坊门楼处还设有耐浸泡的门板，在洪灾时可将其关闭抵御洪水侵袭。村落的"八卦"形状结构中有环状道路和放射状道路形成圈层式的圆形空间形态，一方面有利于防洪排涝时的人流疏散，另一方面可使村落外墙的受力更均匀，没有受力薄弱的缺陷。

其三，村落还有对道路具有适应性的排水系统。黎槎村的排水系统包括，明沟暗渠、汇水沟、涵洞等设施。村落分为 5 个不同的排水区且有各自的排水系统。门坊牌楼下都有排水出口，将村落中的积水通过地下埋深的暗沟排入护村池塘。村民将明沟暗渠修筑较宽、较深，并在主要的排水沟渠转弯处修建弧形石砌挡水墙，以减少水流冲击，降低流速，保证排水通道顺畅。其四，村落主要巷道是由咸水石或红砂石铺砌路面，同时辅以卵石，卵石之间用泥土混合细沙进行填充。石条路面不积水，而卵石和条石之间的缝隙有利于雨水的排泄。黎槎村的调蓄系统因其地势低洼，周边没有天然的河流江溪，无法形成完整的排水系统，只能将周边的天然洼地、池塘开挖连接、挖深修筑用作调蓄系统，增加其蓄水容量。

三、现代化背景下的防洪反思

在传统时代，不同村落的布局因地形环境各异而形成各自的防洪排涝体系。传统村落宏观上的选址与防洪有着密切关系，中观层面的水系空间形态与村落整体布局也与防洪排涝有着内在关联。而排水涵洞，沟渠、水塘的开挖方式，台基的修筑以及建筑等这些微观层面的构造在村落的防洪排涝过程中同样起到重要的作用。由圆弧形防洪墙、修筑高台基、利用建筑外墙、筑石堤堰坝等组成村落的障水系统。村落排水系统构造主要体现在均衡分散设置的集水口、依附地形的系统化排水管网（主要有排水沟渠与具有泄洪作用的河涌水系）、坚固耐冲刷的排水口涵洞等方面。建筑层面上的防洪措施除建筑选址要考虑排水的需求，选择地势有坡度满足自然排水或者靠近天然水体外，还体现在多样性的屋檐排水方式上。村落调蓄系统主要是构建阻外洪蓄内涝的基塘、具有生态调蓄功能的水口及兼具调蓄作用的水井。立体式的防洪体系建立在顺应自然的基础上，体现了人们的生态智慧。但随着人口的增加及城市村镇的扩张，人们依据自己的意愿进行随意的开发建设，紧张的人地关系也迫使人们无法根据多变的河道环境进行建筑设计与规划，因地制宜、顺应自然的原则被抛弃，往往只要有空地就加建房屋，宏观的建筑布局失去了原有的有机空间结构，水系的自然运动规律被破坏，造成排水系统的混乱及水环境的恶化。机械式的、忽略当地自然环境、粗暴的应对方式严重改变河流的自然水环境，将带来重大的生态隐患。

第二节　梧州水灾及其地方性应对知识

梧州地区的水灾及其水灾应对在西江流域应最为典型，下面将以梧州为例，展现特定自然背景下社区的日常生活结构及灾害观的形塑等地方性知识。

一、梧州水灾简介

梧州位于三江交汇之处，浔江、桂江相汇成西江，集广西 784 条河流水量，河流面积占总面积的 9.28%，有"水都"之美誉。丰富的水资源给梧州带来繁荣的水上经济，但也带来了频繁的洪涝灾害。全国的 3 个重点防洪城市，梧州是其中之一。地方志记载每年洪水过境主要集中在 5 ~ 8 月。南亚热带湿热多雨的季风气候带来丰富的降雨量，春夏两季雨水频繁，容易导致外洪内涝同时出现。

在防洪堤修筑之前梧州几乎每年都要经历洪水入城。河东地区的起淹水位为 18 米，1900—1994 年，发生高于 25 米水位的洪水有 4 次，水位在 23 ~ 25 米的洪水有 15 次，水位在 19 ~ 23 米的有 45 次，平均每 1.4 年受灾一次。当地民谚描述为"四年有三涝""两年一大涝"。对洪水的频繁造访，梧州人早习以为常，处变不惊。梧州以多达 560 座的骑楼建筑作为自开埠以来商贸繁盛富庶的见证和洪水浸街的文化印迹。骑楼城的建筑风格最能体现梧州的水城特征。在靠近河边或其他低水位的骑楼砖柱上，建造时在一楼廊柱上预埋有大铁环作为洪水浸街时拴船之用，二楼水门为洪水上街时居民从二楼直接出入而设。特长的竹梯和小艇是每个居民家中的必备用具。1996 年环岛防洪堤的建成大大提高了岛上的防洪能力，能够抵御 24 米以下的洪水。但是，一旦洪水上涨越过防洪堤的最高水位，往往是百年不遇的大水，破坏性、危害性更强。

频繁的洪水促使梧州人积累丰富的防洪经验。每年汛期前，居民们根据准确的水位估计预报及自己的雨感，在洪水来前及时把物资搬迁上楼或搬至其他高地处。汛期中，艇船代替公共汽车保证公共交通的畅通。商业部门安排专艇走街串巷，送货上门。单位照常上班，渔民、农民驾小船上街卖鱼、卖菜，小商贩摇着板艇做生意，旅客也由小船送到旅店、由梯子登上雨罩、阳台，到二楼以上居住。洪水上街后整座城市生活秩序如常。

二、梧州人的"雨感"

每年的 4 到 9 月是当地雨水最多的季节，尤其是 6、7、8 三个月份，雨水相对集中，容易引发水患。当持续降雨达到一周以上，是否涨水就成为沿岸村民关心的主要话题。一旦连日暴雨，村民就会多数集中在河堤观看水势。与我们惯常的水灾记忆完全不同的是，村民已习惯河水上涨，并掌握了一套应对洪水的方法，什么时候该搬迁和撤离，都心里有数。搬迁、农作物的抢收、食物储备等都能有序地进行，并不惊慌。

从年龄分层来看，50 岁以上的老年村民对付洪水更有经验，有"雨感"。对于三年两涝的自然规律，上了年纪的村里老人（50 岁以上）都很有经验，关键看桂江上游（桂林、南宁、柳州等地）是否涨水。村民凭雨感和常识知道，6～7 月是洪水高峰期，若西北方天空晚上闪电、雷声大作，则桂江水涨速快。河堤只能防 24 米洪水，但现在洪水已涨到 23 米，而西北角仍有闪电雷声，桂江大雨，则此地危险。三江交汇，桂江、柳江的水涨比浔江早，汇聚到梧州。若是桂江浪高，晚上凉快，温度下降，肯定是桂江洪涝，一两天后浔江必定涨水。这时村民并不用常去江边看水势，而是赶快准备柴火、油、米等生活必需品，找亲戚、邻居等借高处安身。

相对而言，年轻的村民缺少"雨感"，他们对媒体信息更为依赖，重点关注电视台每天的天气预报和梧州市水利局公布的水文信息。媒体所能提供的信息代表国家与政府的声音，多数时候是现时的报道而非如何对洪水进行观察、预报的经验传授，缺乏地方性的权威。从媒体所获知的数字化洪水信息与"雨感"经验相比，难以形成记忆与传承的地方性知识机制。对洪水涨势缺乏准确的判断，对媒体的声音存在依赖性，一旦接收媒体信息的途径遭到破坏（如洪水期间的电力供应经常中断），村民面对洪水时的无所适从感就会加剧。所以他们在这一点上缺乏树立权威的资本，只能在搬家时刻才能体现出年龄优势带来的价值。

对洪水最为关心的莫过于鱼塘承包户。洪水对多数村民而言，主要是抢收农作物与搬家的辛劳。而一旦鱼塘主接收的信息有误，势必造成严重的直接经济损失，因此，他们更注意观察洪水涨势。一方面注重洪水经验的积累，另一方面与水利部门保持密切联系，随时咨询水情信息。根据经验并参照政府发布的洪水信息公告，鱼塘主对付水灾形成一套习惯性的策略。针对不同的水情信息，做出不同的应对。一般情况下，鱼塘主尽量避开汛期高峰，确保每一批次鱼苗繁殖的上市时间早于汛期，通常在洪水来的前几天把成鱼与鱼苗全部卖掉。遇到短期洪水时，在防洪闸门关闭后，鱼塘水涨到塘基位置时，鱼塘周边扎好网，保护鱼苗不被水冲走。一旦河水持续上涨，防洪堤的充水堰及放水涵洞都已经打开，这时候需要抓紧时间捕捞成鱼和鱼苗。捕捞上来的成鱼可以就地低价销售，鱼苗只能少部分储藏在鱼池中。到洪水漫过河堤淹没鱼塘菜地，鱼塘的鱼苗就不再需要抢收，因为已经受洪水污染，即使抢收回来也养不活。

桂江因河流坡降大，洪水来去均较为快速。根据梧州市水文资料显示，桂江河流坡降在2.47%左右，洪峰到达梧州的时间短而快，称为"竹筒水"。当上游的柳江、红水河同时遭遇强降雨时，浔江因河流坡降小（1.14%）、江水平缓，洪峰到达梧州的时间要晚于桂江。一般是桂江洪水已退，浔江洪峰才到。因此，村民根据桂江的洪水涨势来判断浔江水势的经验与地方的水文环境相符。在观察水势上，年龄与经验更具权威优势。

三、洪水中的日常生活

岭南地区的经济发展在很大程度上得益于水流之利，水运交通带来物资与人口的流动与聚集，但也因百川归纳而多水患。当梧州洪水成为全国新闻的同时，梧州人却将西江洪水视为常态，理解河水消长的自然规律。合家或朋友伙伴一起结队去"睇大水"，"大水上街"时儿童在水面嬉戏畅游，小艇穿行水街，人们从"骑楼"的窗口上出入，组成了一幅高兴、热闹的生活场景。古时梧州城池设在一般洪水蔓延不到的高水位，并有城墙的抵御。近代以来，商贸繁盛催生了城市的扩展，旧时依赖大南路、小南路、西门口的城墙抵御洪水的传统做法转而变为在城墙外的四方街、九坊街、五坊街、沙街等商业繁华之地因势合宜修建干栏式建筑——"骑楼"。梧州的民间歌谣里怨水之歌非常少，当地人还戏称要设"洪水节"，而新修筑的环城防洪堤反而被梧州人视为堵塞的"围城"。由于经常与水打交道，梧州人养成穿木板鞋即木屐的习惯，木屐凉爽不藏水，可以避免生"香港脚"（俗称"沙虫脚"）。一到夜晚，人们出来乘凉，满街都是"踢哒、踢哒"的木屐声。

梧州人对水有特殊感情，并不把洪水视为猛兽或灾难，而是当作年年到访的"常客"。他们谈论洪水时并不会把洪水表述成水灾，而是把几乎年年泛滥、淹浸房屋的洪水称为"涨水""西水大"等。如果家里有两层以上的楼房，就更加不必担心。河水涨上一寸就把家里的东西往上搬一寸，称为"搬西水"。一些住单层平房的梧州市区家庭，河水浸街前在选好的搬家地点贴上"西水借此"的字条，就能借用该地方。

　　历年频繁的洪水，塑造了梧州人对洪水的乐观无畏与恐惧、怀念等相互掺杂的情感与记忆。盘点有记录以来梧州的历次大洪水，人们往往将其视为一道特别的风景，洪水中的摄影与水浸街时打麻将成为洪水期间主要的闲暇方式。除 1915 年"乙卯洪水"缺乏图像资料外，1994 年"6·19"河东河西水浸街、1998 年的特大洪水、2005 年"6·23"洪水、2008 年的洪水等为研究者留下了丰富的图文资料。

　　年年洪水上街，梧州人习以为常，艇仔成为洪水时的主要交通工具，梧州人习惯把小木船称为艇仔。街道两旁的楼房在当街的窗口处绑有一把长竹梯，以便于洪水浸街时上落，二楼窗口当作门口，方便出入。无论白天夜晚，艇仔穿梭在街巷之间。艇仔穿街入巷成为梧州的特色一景。1994 年的"6·19"洪水中，最高水位达到 26.64 米，整个河东片区被水浸街，河西片区部分街道同时出现内涝。怡景市场一楼被淹没，梧州市区的居民携全家老幼坐上小艇到怡景市场二楼购买食材和生活用品。1998 年的特大洪水是 20 世纪西江流域的特大洪水，6 月 28 日的梧州最高水位为 27.24 米。洪水期间，学校停课，全区停电，居民们晚上大多到楼顶乘凉、聊天、游戏，如同聚会。2005 年 6 月 23 日，梧州爆发超历史纪录洪水，水位为 27.48 米，洪水漫过新建的河东防洪堤。梧州市民在洪峰来临之前，赶到防洪堤"睇大水"。即便公交车停运，也要走路去"睇大水"，"睇大水"成为梧州家庭的"余兴节目"。市民们拍摄的许多洪水漫堤照片发布在网络上，有些还被做成记录梧州特有洪水历史的明信片。针对各种传播途径中"大水来了"的言论，梧州人回应："梧州人是游水长大的，怕水就不是梧州人"。2008 年洪水的最高水位为 24.84 米，没有越过防洪堤上街，对梧州人而言就更不足惧。

　　沿岸的村庄与骑楼城里的社区相比，洪水时期熟人社会的特征更为明显。地势高的建筑就经常成为村民最佳的搬家落脚点，如村内的公共建筑如学校、卫生院、村委会等，也有邻居家的高层楼房。洪水中的家庭生活主要有洪水前鱼塘菜地的抢收、生活物资的储备和搬家工作，另有以艇代步进行的各种活动，比如购买物资、游玩或走访近邻亲友等。首先是农作物与鱼苗的抢收，洪水前的一周内家家户户忙着抢收瓜菜、挖芋头等，外出的人员也要赶回家帮忙。抢收回来的瓜菜可以在集市上卖掉，也可以送一部分给亲戚邻居，最后储存一些自用或腌制。鱼塘主的主要任务是"刮"鱼苗，整理鱼苗。打捞上来的成鱼难以处理，除了卖出一部分，剩下的多数腌制成鱼酢，通常能够储藏到一年左右。其次是日常生活必需品的储备工作。在洪水位即将超过防洪水位的前两三天，各家各户都需要采购各种洪水期间所需的生活物资，主要有米、油、肉食品（以腌制的为主）、蔬菜和柴薪（柴薪、煤和天然石油气）等，同时储备好饮用水、肠胃药及硫酸铝（明矾）等。

　　对于决定怎么搬家、什么时候搬，村委会设置的大喇叭也会经常通知村民。但大家并不太关注，往往都是自己去河堤看水位。如果河水每分钟都在上涨，到达一定高度（预警水位），村民就赶回家搬东西上二楼，现今通常都是各家忙各家的，村委会一般不另派人帮忙。洪水即将进屋时，全家集中把一楼的各种家具打包放置到高处，大件的家具，如电视机柜、杂物柜等用桌椅、板凳或砖石等垫高。随着屋内洪水的升高，水涨一寸，搬高一寸。在所有的搬家物品中，祭祀祖先的香炉一定最先安排妥当，一般不随家搬迁，而是放置在房屋的最高处，如屋檐顶部。如果连檐顶也被淹，就用簸箩装好顶在头顶送到更高处，期间不用再回来上香。现在的民居建筑考虑到被洪水浸淹的风险，多数在二楼或更高楼层的阳台上特制一放香炉的支架。洪水期间的信仰活动相继减少，除在家给祖先上香外，对其他神灵的拜祭因洪水阻隔而暂停。

　　现今许多人家建有楼房，搬家比较方便，为预防水灾，人们一般都住在二楼上。尤其是年轻人，他们经常外出做工，没时间赶回家搬东西，他们的卧室和个人物品都在二楼以上。中华人民共和国成立前是竹篾茅草房，很少有两层的，涨水时要搬到高水位的地方，如村公所、学校、建有楼房的亲戚或邻居家，这在客观上保持了邻里关系的和谐和亲戚之间的亲近感。村民并不惧怕洪水，知道水涨的速度，所以能从容应对，有些干脆一边打牌一边看涨水，构筑出危难场景下的悠闲画面。在 2005 年的洪水中，洪水漫过新修的防洪大堤，被民众称为壮观的洪水"瀑布"，许多民众乘船前去拍照留念。

　　涨水时，停电停水，生活很不方便，除饮用水事先储备外，其他生活用水都是就地取材。黄泥汤似的洪水经过三次净化后勉强能够使用，但是洪水期间也是村民肠胃病的高发期。由于无处可去，家庭成员、邻里之间有充足的时间来聊天交流。洪水中的村落繁忙而又悠闲，人们驾着小艇走家串户去喝茶、聊天、打牌，也有的人扎起竹排去捕鱼，捞浮材。会游泳的小孩在洪水中嬉戏。洪水一来，鱼塘被淹，水中的鱼就特别多。鱼塘主来不及网鱼，而且经过洪水淹过的鱼苗捕捞上来也养不活，大家都能捞到一些。许多男性村民就自己扎竹排或驾小艇去捕鱼卖，收获颇丰，有些人则将捕来的鱼做成鱼酢。洪水中的肉食品难以供应到位，鱼就很有市场，能给捕鱼的村民带来一笔小收入，但很少出现哄抢和趁机哄抬物价的现象。熟人社会的积淀让人不敢轻易背负"黑心、坏种"的骂名。一些商贩（有村民、邻村的水上居民等）划艇四处兜售新鲜猪肉、活水鱼等肉食品。在近梧州市的郊区，甚至形成了一个临时的水上集市。

水退后，清扫河泥、整理房间是最繁重的工作。低水位的房屋挨淹严重，从地板到屋檐都需要进行整理清扫。首先除泥沙，铲除地面的淤泥。有时洪水携带的泥沙能够堆积到 1 米的高度。房顶的瓦片需重新铺设，房梁上的淤泥要及时洗刷。四面墙壁也要刮洗一遍，并清理各角落中的泥沙。除完泥沙后，就是清洗，包括地面、墙壁及家具、衣物等。整个过程至少需要一个星期，但是通常要经过一两个月房间地面才会完全干燥，一楼房间才能正常使用，日常生活才能回归到洪水前的状态。

四、洪水期间的邻里关系

洪水场景下的村民相互帮助，关系融洽。整个村庄进入一个类似于特纳所说的非常态的"反结构"状态。在这一状态中社会表现为没有彼此区别、同质的整体，而并不是被"划分"成级别和身份的"区间"。村民无论贫富、地位高低都互相帮忙，成为"洪水中的家人"。但由于公共场所有限，不能容纳全部的灾民，也会有因争夺空间而引起的争论，不过也只是少数。主要是在 20 世纪 60 年代以前，多数村民的住房都是单层的平房，需要借助更多的安置空间。"先到先得"的原则不一定具有实际上的强制力，大家各自协商解决，很少会造成较大的冲突。面对洪水的命运共同体意识把大家团结成为"一家人"，此时邻里间的互助往往较平时更为频繁，遇到需要帮助的村民，其他村民通常会自觉地施以援手，尤其是洪水前抢收鱼塘、菜地及搬家等关键时刻。另外，洪水期间村民客观上摆脱了繁重农活的束缚，其闲暇时间相对增多，村民通常驾着小艇就近走家串户，聊天、喝茶或打牌。

一般洪水在一周内退去。频繁的洪水使邻里关系、亲属关系更为亲密。由于劳力比较紧张，联合家庭成为应对洪水的更适合的模式，亲属间的联系也更为紧密。洪水过后，劳力需求相对要缓和一些，大家庭多数变为核心家庭和主干家庭。

五、水灾中的国家与社会

在水灾的特定场景中，各种力量及其介入程度往往呈现出与正常社会结构下不一样的状态。特大洪水中的政府力量主要体现在安置点的安排、接送村民回家或外出采购、发布洪水信息和分发消毒药品上。村里有巡逻小艇，村干部都懂驾驶。村委会的职责相对平时更为庞杂烦琐。村干部在每次洪水中都是最忙的人，例如，向村民及时发布洪水信息，安排人员帮助村内的孤寡老人等弱势群体搬迁，解决搬迁过程中可能出现的任何其他纠纷和问题，等等。对付水灾，以前全凭经验与习惯，各家自己准备撤离，现在则强调防洪预案，地方政府作为建构国家形象的重要基层代理者，承担了更多的职责，往往事无巨细，不容有误，一些非职责范围内的事务也需要应对处理。

在村落社区的组织下，沿岸村民成功地抵御了一次次洪水的侵袭。历年的抗洪历史显示，很少有洪水侵袭所导致的人员伤亡。在 1994 年、1998 年两次百年不遇的特大洪水中，伤亡人数极少。沿岸村民积累的抗洪经验，其有序性、高效性及其自组织的抗洪能力从中得到印证。

从正面影响看，政府在每个重要场合的在场意味着国家力量的在场。虽然多数村民应对洪水的经验足以使他们自如轻松地面对洪水，但还是不愿看到抗洪抢险场景下国家力量的缺席。抗洪抢险场域下政府的正面影响力会得到提升，多数村干部的村落声望在这一场景下得以累积与提升。反过来说，政府与地方之间在抗洪任务的执行过程中也难免存在一些不合拍，包括政府与村委会、村委会与村民之间都会出现不同的分歧。

防洪堤未修筑前，发洪水时，政府强力介入搬迁工作，区、镇、村等各级干部及武警全部出动。政府忽略了村民关于涨水的地方性知识，结果许多村民不愿意搬。村干部应政府要求通知村民搬迁，但认为政府对村落社区的社会脆弱性估量过高。

对河流沿岸的人们而言，地方社会往往通过一系列的传统民俗塑造当地的水观念，通过敬水、爱水、保护水环境的意识与行为等实现水文化的认同。在敬水、爱水、亲水的人水和谐传统下，他们拥有着不同于许多现代都市社会对洪水恐惧与反感的态度与情感。他们认为洪水不应只是一种可怕的灾害，同时也是农业生产的一种有利的生态适应。而且，他们应对洪水的历史经验表明，对现代水利科技的过分依赖往往会导致灾难性的后果。现代社会，洪水的破坏性被妖魔化，洪水的负面影响被放大，在很大程度上扭转了民众的传统水观念，而丰水地区世代积袭的亲水情结给这一变化趋势提供了重要启示。因此，洪水观念在现代社会的塑造，应兼顾传统的地方性知识。

在救灾场域中，各种力量的介入程度因时而异。以村委会为例，在水灾救助中充任的角色随着时间的变迁而出现变动。在 20 世纪，村委会充当着主要的村庄保护者角色，调动村内的力量（村干部、村民小组组长、党团员、民兵连等）帮助村内弱势群体的搬迁和巡查村内各处的水势灾情，帮助村民应对洪水。政府制订详细的洪灾预警机制后，把村委会纳入政府的调配之下，对村委会和村干部实行相应的问责制。村委在水灾中的角色定位模糊化，倾向于执行政府的抗洪命令与抢险任务。村庄内部的自救能力和村民防灾的地方性知识反而被排除在机制之外。政府的大力参与使其在水灾中的全能形象更为突出，遮蔽了村委会和村民的自主性。因此，在救灾场景中政府不应排斥村庄内部的自救能力和村民防灾的地方性知识，相反地，如果政府能够着重于建立村庄内部的自救机制，无疑为低成本的有效应对。

水旱灾害对社区不仅意味着一种自然灾害类型，同样还是一个社会现象和历史过程，所以对灾害的研究更应该考虑灾害现象的社会和文化属性。在水资源丰富的地区，如何应对洪水必定成为社区公共管理的核心组成部分，并由此产生与之有关的不可分割的显性或隐性的文化形式。地方性的应急机制和预防手段会影响到社区的居住条件、生活方式等各方面。人类社会对灾害有着十分弹性的适应功能，传统民众灾害应对措施的有效性已得到证明，梧州人的水观念及灾害意识就是最好的例证。民间对待灾害的传统经验和地方性知识，在现代科学的语境中，往往不被重视。但这种知识却能代代传承。这些地方性知识恰恰是族群生存的基础技能。现代化的生活方式在一定程度上与传统经验形成了断裂，加速了人们对地方性知识的遗忘。

第五章　水与西江流域的民间建筑

古代社会因水利技术的限制，无法建造坚固高峻的水闸水坝。人们为躲避水患，村落的选址往往会在保证水源的基础上，选择远离大型河流的"高毋近旱而水用足"的地区。人们因便捷的水运交通和生产而选择靠近江河流域形成聚落时，常通过修筑堤坝、合理设计村落布局等方式进行被动式防洪。西江流域河网密布，降雨充沛，流域内大部分地区属于亚热带气候，平均年降水量高达 1470 毫米，且主要集中在 4~9 月，特殊的自然地理生态造成了流域内频发洪涝等自然灾害，尤以中下游为甚。为适应环境，人们创造出一系列顺应自然的生活策略。流域的城市规划、住房的建筑设计等方面均呈现明显的地域特色，房屋建筑防洪防潮功能突出。当地的古建筑如古城墙、崇禧塔、高台建筑、天桥等均满足人们防洪避水的需求。如肇庆的宋代古城墙历史上防水患多于御敌，近 8 米高的城墙兼有防洪堤的作用，在全国属于罕见，是我国最早的城市防洪工程和防洪历史最悠久的水利工程，也是我国防洪时间最长的城市防洪工程。城墙用石条与土砖交替垒砌，在砖石缝隙间浇注糯米与石灰制成的混合物以增强防渗功能，城门的两侧落木板内也填充黏土以防渗挡水。700 余年来，城外的水位高于城内，洪水从未漫过城墙，因此被当地居民称为"救命墙"。著名的崇禧塔，其台基高 6 米，不易被水淹，汛期邻近居民常来此避水。而天桥则是人们为保证汛期交通便利的另一发明。住房建筑的选址多选依山傍水的高台地，"高毋近旱而水用足，下毋近水而沟防省"，用水便利而不易为水患，西江流域的客家民居尤其多用此法。建筑多使用具有极强抗洪抗冲刷能力的花岗石材，如悦城龙母庙及三水南社义学，建筑前有花岗条石铺砌的大平台，南社义学还在临江处砌三道花岗石坎保土护基。檐柱、弯枋、柱础等均用花岗石雕成。门框用石材，墙用石条包角，墙下部均有较高的花岗石勒脚，龙母庙后座前两侧廊墙石勒脚高达 117 厘米。台阶、天井皆用石材铺砌。龙母庙后楼地势较低，用花岗条石包砌一个高达 5.5 米的台基以避水浸。建筑的石柱础较高，易受水浸的建筑石础更高。德庆学宫正殿的四个花岗石础高达 815 厘米，百色江西会馆的石础高 92 厘米，龙母庙正殿石础高 86 厘米，香亭中石础高 89 厘米。同样，高门槛也是常见的避水措施。龙母庙山门门槛高 51 厘米，西江临街的城镇，尤其是地势低洼处，每年受浸数次，汛期中居民用木、石、砖等筑门槛挡水，最高达 60 厘米，汛期过后再拆去。另外，有些城镇在沿江河地势倾斜之处的住房巷道中安闸挡水，汛期在前排地势较低的住房巷道安闸，可使后排房屋免于受淹。住房室内地面门槛下安有泄水孔道，当洪水高不过门槛时，可把孔堵上；若洪水进屋，水退后打开泄水孔，冲洗便利。临街柱子上安置铁环（如梧州骑楼城），铁环可用来绑梯，便利汛期交通；也可利用铁环贴柱绑木头，在船撞来时起缓冲作用，保护船与建筑；还可用以系舟。二、三楼设太平门，利于安全和汛期交通，在梧州、肇庆等地常见。在建筑设计上，建筑的层数以二层以上为宜，便于被淹时物资和人员的转移。为防止洪水淹到二楼，一楼的层高普遍超出普通民居。

　　西江沿岸民居的诸多建筑样式更多地体现了这一特征，下文将分别介绍。西江流域早期的房屋建筑，依水而居的环境因素制约了沿岸民居的取材及样式。沿岸村庄的聚落分布和建筑结构因水而成，近水而居，傍水而市，水源与水运的便利带动了集市贸易和市镇村庄的发展，形成以河堤为起点和中心向外延伸的空间发展模式。沿岸民居的建筑样式主要有干栏式民居（竹筒屋或竹楼）、骑楼、浮家泛宅等。

第一节　干栏式民居

　　"干栏"一词及其称谓，最早出自《魏书·僚传》："僚者，盖南蛮之别种，自汉中达于邛笮川洞之间……依树积木，以居其上，名曰干栏。干栏大小，随其家口之数。"古民族"僚"的住宅为干栏，也有称为干兰、干阑、揭栏、阁栏、阁栏头、麻栏等。"干栏"表示高大的房屋建筑，应该源自壮侗语系民族。《辞海》将其定义为"我国古代流行于长江流域及其以南地区的一种原始形式的住宅，即用竖立的木桩构成底架，建成高出地面的一种房屋。今西南某些地区还继续使用"。一般所说的栅居、巢居以及考古学和民族学中的水上居所或栅居等亦属干栏式建筑，主要分布于长江流域以南地区，尤其是古百越民族的居住区，自新石器时代出现，至今仍有流行。干栏式建筑主要为适应多雨地区的防潮湿需要，主要有长脊短檐式的屋顶以及高出地面的底架等特征。干栏有狭义与广义之分，狭义则专指古代僚人居住的上下两层，或架空高出地面，上层住人，下层架空或圈养家畜或置放农具的居住建筑。广义的干栏是指古僚人、壮人、仡僚、憧人、白夷、仡佬、夷僚、溪蛮、黎、苗、疍等南方民族，以及现代的壮、布依、傣、侗、水、仡佬、毛南、黎、高山、佤、德昂、布朗、苗、瑶等民族所使用的，底层用柱子架高，用以圈养家畜或置放农具或架空或架于水面沼泽之上，上层为主要的居住空间的竹、木结构民居建筑。无论广义与狭义，干栏式建筑的主要特征是底层架空、半架空，其构造的主要特征是屋顶材料主要使用茅草、树叶、树皮等。墙壁构造主要材料有木、竹，楼面构造编竹为楼面，或铺竹木。湘黔川等地的吊脚楼等应属于半干栏式建筑。因地形的不同，有的干栏是全部建筑架空高出地面，而有些则是建在台地或斜坡上，地板一部分使用架空地板，一部分使用地面的半干栏建筑。

　　离地而居的干栏式建筑与自然环境和气候条件相关。凡是气候炎热、雨量充沛、水源丰富、土地湿润、植被茂密的地区，毒蛇猛兽横行，且多瘴气，原始居民不得不"依树积木"，"伐木架楹，编竹苫茅"，以居其上。干栏及聚落通常主要出现在依山傍水之处，前临江河，背靠山岭，两侧有较开阔的平地，或者位于江河转弯处内侧的坡地上。一方面有利于生产、生活的用水需要，另一方面因地势较高，可避免洪水的侵袭。干栏的通风、干燥和凉爽等优良特性更适合岭南亚热带地区人们的生活，成为颇具地域性与民族性的主要传统建筑形式，随着经济社会的不断发展，干栏建筑不断得以改进和完善。

　　西江流域地区多是湿热多雨的气候及地理环境，因此流域居民尤其是河流沿岸居民的住房多采用干栏式建筑。以梧州地区为例，在中华人民共和国成立前，河流沿岸的村镇因地处低水位，近水易潮易淹，为适应潮湿的居住条件和抵御洪涝，所建住房不用土墙，因土墙遇洪水浸泡容易垮塌，而多为砖柱板壁或木柱板壁、竹笪壁平房。墙体主要采用竹木围护，在地基挖孔立下竹柱后，用竹篾绑系竹横竿，再穿绑编织好的竹笪形成墙体，故多为竹木构架的干栏式住房，这一建筑模式早在汉代就已出现。地层架空，放置杂物或饲养禽畜，上层住人。唐宋时商业发展，市镇的民居往往变成楼下作商铺，楼上住人。清代，西江流域梧州段沿岸的特色民居是"竹筒屋"，虽名称有变，但基本的构架仍近似。明朝的解缙曾咏叹当时苍梧的居住条件："千家竹屋临沙嘴，筒槽鱼艇满江湾。"竹筒屋是中华人民共和国成立前梧州的特色民居，竹笪壁平房是贫困人家比较常见的房屋建筑。南方多竹，人们就地取材，砍竹为片，与竹席相钉成单面竹篾墙，在两张单面竹墙中间填满土块，使其变成一面侧墙，屋顶同为竹制。房屋底部常有干栏式竹柱支撑，高出地面 1~2 米，主要为适应潮湿的居住条件和抵御洪涝。有些人家也将底层的四面用竹席围拢作储藏杂物之用。泥砖砌墙的砖木结构房屋是当地的富户所建，水位较高，不易挨水淹浸。水位低的沿江农户为防止洪水侵袭，住房仍多为木柱板壁或竹壁平房。虽然土墙少见，因洪水浸泡容易垮塌，但木制的或竹质的板壁与屋顶经雨水冲刷和洪水侵袭，通常容易破损。民国年间，因商贸发展，骑楼开始盛行于城区繁华地段，是岭南的建筑文化与商贸文化结合的产物，但仍保留了大部分干栏式建筑的特征与功能，每座楼在临街面开辟铺面，一楼走廊留作人行道，还能遮阳挡雨。低水位骑楼的砖柱建造要预埋铁环，以作洪水浸街时拴船之用。骑楼二楼窗户均为门式，以备洪水期从此出入。因雨水、洪水的季节性，当地相关的建筑习俗还有建房时间的讲究。当地建房常选冬季，不仅与其时农闲、秋收后有钱有粮等有关，更重要的是其时雨水较少，适宜动土。因此当地流行一风俗习惯，农历十月后"好日子"多，最适宜建房。而房屋选址多在地势较高之处，学校、村委会、卫生院等村镇公共建筑都建在村落地势最高的地区。早期的房屋都拥挤在高水位处，后期因地少人多，大部分可供利用的土地都成为菜地和果林，一些不能用作农业生产的低处空地也被用作房址。在流域沿岸居民的观念中，风水好的房屋就是建在高水位的地方。

中华人民共和国成立后，各地兴办砖厂，政府着力改造乡村，大量民居开始改建。梧州许多竹壁平房被推倒重建，砖石结构房屋陆续出现。与其他地区相比，流域沿岸的砖石住房仍具有一些明显的特征。房屋的基脚深，一楼普遍高出普通楼房的层高，通常达 4 米。大部分民居的底层与上层分别铺设不同的电路。一旦洪水泛滥，人们可以搬到楼上照常生活。二楼开门，洪水高涨时可从二楼直接出入。二楼都有凸出的阳台，安放祭祀祖先的香炉，确保洪水浸屋后仍能正常祭祀。一楼的走廊两侧和二楼的阳台两侧都有小型拱门可供通风和拴船之用。房屋墙壁上留有多条深浅不一的黄色水印，是历年洪水留下的印迹。随着社会发展及人口的快速增长，高水位的房址不敷使用，干栏式的建筑样式仍然流行。

一户人家通常由于有两个或两个以上的儿子成家单过需要另增两份屋基，旧房址不够用，但又不能压制新的核心家庭的住房需求，其折中办法就是利用各家自己的开荒地甚至菜地建房。为防雨水浸淹，底层采用砖石柱建成类似于干栏式的建筑。各家都置有小艇挂在外墙上，以备洪水来时之用。沿岸防洪堤不断修筑完善后，西江洪水不再频繁进屋，小艇基本不再使用，被闲置在旧猪舍或柴房里。可见，自然环境对西江沿岸村镇的建筑结构和聚落分布留下了深刻印迹。

第二节　千户苗寨的吊脚楼

西江千户苗寨位于贵州省黔东南苗族侗族自治州雷山县东北部的雷公山麓。由十余个依山而建的自然村寨相连成片，是目前中国乃至全世界最大的苗族聚居村寨。西江千户苗寨所在地形为典型河流谷地，清澈见底的白水河穿寨而过，苗寨的主体位于河流东北侧的河谷坡地上。西江千户苗寨的苗族建筑以木质的吊脚楼为主，为穿斗式歇山顶结构，分平地吊脚楼和斜坡吊脚楼两大类，一般为三层的四榀三间或五榀四间结构。西江苗族吊脚楼源于上古居民的南方干栏式建筑，运用长方形、三角形、菱形等多重结构的组合，构成三维空间的网络体系，与自然环境融为一体。

西江苗族吊脚楼与一般干栏式民居不同。由于耕地资源有限，平整的建房空间被压缩；地处山地又多陡坎，地基开挖极不容易；阴雨多变、潮湿多雾的气候不适合砖屋住房的起居，诸多因素共同作用下，苗民只能在山地陡坡和河岸坎坡上争取居住空间，利用适应山地地形和黔东南气候条件的传统干栏式民居，发展出依山就势的吊脚楼，形成半吊半立或前吊后坐前虚后实的半干栏式吊脚民居，当地称之为半边楼，一般不讲究轴线和对称，随坡就坎，随意布局，但都是底层以上空间靠吊脚支撑悬挑于山坡之上。

西江千户苗寨的选址原则讲究负阴抱阳、背山面水，背山防风防寒，朝阳日照充足，缓坡避免洪涝，近水方便用水，结合自然、气候、地势等诸多因素，"高毋近旱而水用足，下毋近水而沟防省"，"因天材，就地利"。西江苗寨的屋顶基本上保持悬山式，有些还在"悬山"部位加上"披檐"发展为"歇山式"屋顶。屋面依山势而定朝向，一般为坐西朝东、坐北朝南，但在特殊的地貌条件下，吊脚楼朝向无法严苛遵守这一要求，只能依山而建，屋顶坡向与地形契合，出现坐东朝西、坐南朝北的样式。吊脚楼的屋顶盖有小青瓦，四周的屋檐逐层出挑栏杆外遮阳挡雨。

　　西江千户苗寨吊脚楼选用枫木、杉木、松木等木材，并刷上桐油以防虫防潮和防腐蚀。总高7到14米不等，其建筑过程为选择屋基—备料—发墨—拆枋凿眼—立房（立房架、上梁）—铺板—装墙—完工—乔迁。从外部结构看，根据平面布局方式，主要分为斜坡吊脚楼和平地吊脚楼两种类型。吊脚楼的内部结构以功能性划分为三层，上层空间呈半封闭或完全封闭，主要用来储存粮食等，均设有门或窗，满足内部通风要求；下层呈半开放形态，用较差的木板、树皮做墙板围栏成圈，用于存放生产工具、关养家禽与牲畜、储存肥料；中层是苗民生活起居之处，常呈封闭式，由杉木板分隔，集中了堂屋、卧室、火塘、厨房、茅厕等，房间以中间堂屋对称排列，三、五间不等；厨房和茅厕设在左右两边或搭建"偏厦"。堂屋为建筑中心，空间宽敞，具有休闲、会客、用餐等功用。出入口的门口在下层，从斜坡上与屋檐下的廊相连，沿侧墙而上；平地吊脚楼的入口则简单在一层居中的位置。第二层设有一米宽的走廊通道。穿过走廊后的中堂前檐下，择通风向阳处开窗，出挑靠背栏杆，称"美人靠"，苗语称"阶息"，主要用于乘凉、观景和休息，是苗族吊脚楼的一大特色，可坐也可当栏杆，从侧面看形似"鹅颈"。各层之间以木楼梯相连接。吊脚楼的整个构架，均以榫卯相衔，不需钉铆。苗民的生活以堂屋为重心，农忙时白天外出劳作，傍晚一家人在堂屋里做饭、饮茶闲谈，农闲时妇女们做女工，小孩们围坐在美人靠前读书习字。另外苗民有耕牛崇拜习俗，视牛若神灵，吊脚楼上的牛符号也随处可见，屋顶四角用瓦片制成牛角形状，房屋门上是木制的水牛角，腰门上有牛角形门斗，屋脊正中是牛头装饰。随经济社会的快速发展，苗族人的生活习惯也逐渐转变，千户苗寨吊脚楼成为著名的旅游景点，其建房材料及建筑功能划分发生变化，在保留原有穿斗式结构的基础上，木制板墙被泥土、砖石或荆条糊泥墙所取代，吊脚被砖、石砌墙替代。部分吊脚楼底层空间转变为经商店铺。

第三节　梧州骑楼

　　骑楼是中国近代以来的区域性建筑类型，具有浓郁的岭南风格，《辞海》解释为："南方多雨炎热地区临街楼房的一种建筑形式。将下层部分做成柱廊或人行道，用以蔽雨、遮阳、通行，楼层部分跨建在人行道上，故曰'骑楼'"。学者们对骑楼起源的研究有两种不同的结论，观点一认为骑楼最早在 19 世纪上半叶在新加坡华人商业街出现，之后传播至南亚各地。观点二认为骑楼兴建于 20 世纪初，由早期的干栏式建筑改进而来，根据南方地区避雨防晒及商业经营的需求，加上当时西方文化的强行冲击而形成的既有中国传统檐廊建筑的特征，又掺杂西方敞廊建筑细部特征的新建筑形式。

　　作为中西建筑形式的结合体，骑楼随殖民地统治的影响以及海外华侨的力量逐步传入我国南部沿海地区，形成一种底层有廊道可行人的沿街店屋式（即商住一体）建筑，民国时期广泛分布于南部沿海（如广东），并沿西江流域向内地扩散，更多地出现在商贸频繁的沿江城镇，呈现出沿江河、水陆交通枢纽城镇分布的格局，并集中分布在西江流域，尤其是郁江、浔江、邕江、柳江、北流江、南流江等经济基础好、商品经济较发达的地区。

　　对于南方湿热多雨及多洪易涝的气候特点，檐廊式建筑遮阳避雨、便于行走等功能免去了气候条件造成人们外出行为活动的不便。沿海地区重要的通商口岸城市（如广州）商业发达，店铺林立，檐廊成为商业街屋最适宜的外部公共空间，骑楼街比传统商业街屋具备更多的优点和特性，也因和南方独特的地理气候环境相适应而快速发展。骑楼街为行人提供了遮阳避雨的场所，使檐廊街屋的建筑空间更有亲切感和可及性，避免了传统商业空间在营业时间之外所带来的疏离感。另外，骑楼街的檐廊为购物人流提供行走空间，人车分离，为许多老城区狭窄的商业街道增加交通的流畅性和流量。檐廊是骑楼内部空间的延伸，能扩大商店的营业面积，廊下还能为流动小贩提供临时的营业场所。而且，骑楼街的檐廊为连续的通廊，能提供除商业活动以外其他类型的户外活动空间，如街坊邻里的公共生活休闲或休息的场所和空间。诸多因素与优势的结合，形成了极具地域特色的骑楼文化。

梧州因拥有 560 幢骑楼而被誉为"中国骑楼城"。梧州骑楼相比于其他地区更具"水文化"特征。"廊柱挂铁环，水门凸出来，连片骑楼不到边。"梧州的骑楼建筑街街相连，连绵成片，是昔日梧州百年商贸繁荣的见证，主要分布在河东老城区，主要分布在大东上路、大东下路、沙街、大南路、小南路、四坊路、五坊路、九坊路、南环路、大中路、桂林路、桂北路、北环路、民主路、建设路、中山路等街道，建筑总面积近 40 万平方米。现存骑楼街道 22 条，总长 7 千米，最长的达 2.53 千米，其数量与规模均居国内之首。

梧州骑楼多为三四层楼房，前铺后宅，下铺上宅，住商合一。采用传统的"以廊道以蔽风雨"，"每座楼在临街面建造桩梁承托二楼，一楼大门前留空，作人行道，供行人来往时遮阳挡雨"。结构多为 3 至 4 层，其中临街店铺二楼以上部分凸出来，二楼罩着的空间成为人行道，远远看去像"骑"在人行道上一样，故名"骑楼"。上层作为住房或写字楼，底层则为商铺门面向内缩入 2 至 3 米作为人行走道，兼具城市交通与临街商业空间等双重功能。为迎合手工业和个体商业为主的小规模多元化经营的需要，骑楼的体量尺度适宜，进深与面宽的比例在 4∶1 以上，形成"前店后居"的格局。建筑总体高度在 10～24 米，骑楼高度与街道宽度之比在 0.9∶1.5；骑楼的背后是内街，民宅大门一般开向内街内巷，内街成为居民交往的"公共大厅"。这种多层次的沿街檐廊复合空间秩序，适应了市民生活的丰富性和空间使用功能的多样性。骑楼的外观有十分精巧的花窗、砖雕、牌坊等传统建筑艺术，也有罗马柱、圆拱形窗、穹雕等典型的西方建筑元素。位于骑楼柱外一高一低的两个铁环及设在二楼突出的水门，是梧州骑楼最为独特之处。历史上地处三江汇流之处的梧州是一座对洪水不设防的城市，使得骑楼街年年屡遭洪灾。楼上的水门就是专为方便居民出入之用，通常在水门放下一把竹梯，从竹梯上下搭艇，或者在水门放下竹篮向沿街巡游的售货小艇购买米、油、蔬菜、火油、电池等生活必需品；临街骑楼柱上镶嵌的铁环高低各一只，则是为备拴泊船艇系缆绳之用。直到 2003 年河东防洪堤修建，骑楼上的铁环和水门逐渐退出实用功能的角色，成为展现梧州骑楼历史文化的符号。

第四节　浮家泛宅

　　疍家人以舟为家，打渔为生，摆渡为业，船舱为床，艇尾为炊，在岸边滩涂种蔬菜，养鸡犬，织网，补船。疍家人一般都有大小艇各一，大艇作住宅，为起居之所，小艇作打渔及江上交通之用。《岭外代答》卷三"蜑蛮"条载有疍民"以舟为室，视水如陆，浮生江海者，蜑也"。疍民有靠岸暂住的习惯，"蜑舟泊岸，群儿聚戏沙中"，通常选择河湾坦地为相对固定的舟艇停泊之处。几十条小艇聚集一处，加上坦地上搭建的几间茅棚，就构成了一片浮家泛宅的聚居场所，也称为"浮屋"，曾是西江流域两广地区的重要建筑样式。因生计的便利，西江流域的码头、港口等处常有这类建筑群。艇为住家用，茅棚为公众活动场所，供疍家人聊天议事或节气拜祭时使用。疍民的住家艇多为篷船，篷的大小与船的大小相应，船篷是由竹篾所织造构成，弯成拱形，做成瓦状，漆以桐油，以防水遮阳。船篷三至五片，白天干活时折叠。船舷两旁有立柱四至五对，以竹架起为梁，把船篷架起遮挡风雨或烈日。船尾用橹，拖着橹为舵。船桨两支，行船时架在舷柱上支撑，称为"掉桨"，船首有竹篙，在浅水时撑船，叫"撑竹"，也用以定船入埠，称为"迈船头"。到了晚上，疍家人把船篷放下成为休息的船棚。

　　陈序经在《疍民的研究》中将疍民的住所分为屋、栅、簰、艇四种。"屋"是指一种陆地上的地面式建筑，"簰"和"艇"为水上建筑。"栅"则指水边的干栏式建筑，"栅是傍水建筑的，后面接近矶围。全部基础，都是杉木，插入河边泥沙中。普遍高出水涨得最高时一尺左右，故在水涨时，从远处看去，好像是浮在水面上一样。水退之后，可见栅底的泥沙。栅棚，多用杂木建造，地板厚约五分，屋面有用瓦的，也有用松树皮或白铁皮的。墙分两层，内层用杉木，外层多用松树皮。栅作长方形。普通长约两丈，广约一丈，多分为四部分。第一部为乘凉处，围以栏杆，且有小木梯，于河水退时，可以直通河滩。第二部为大厅，第三部卧房，第四部为厨房。这种栅棚，收拾得很清洁。在大江旁边的真可做一处绝好的避暑所。棚里各种家具，极为简单。普通建筑费四百元左右，材料好房间较大的，需七八百元。最小的栅长度仅五六尺，阔三四尺，高不过四五尺，真小得和鸽笼一样。"[1]疍民的栅也被称为"寮"，一种比较简单的、临时性的小房子，采用的是一种"人"字形屋架。"寮"是后来疍民因围垦开发而在水边搭建的简易居住处，傍岸临水架设而成的棚户，称为"疍家棚寮"，竹瓦板壁，陈设简单。寮屋一般用原木、竹子、茅草、树皮等为材料建筑而成，墙壁多用树皮或竹编织成围笆围成，屋顶多用茅草、树皮。《开平县志》记载："立柱架板结屋于塘上曰塘寮，塘寮守鱼也。搭篷于田上而居曰禾寮，禾寮防禾稻也。枕山旁水搭葵结茅而曰茅寮，植椿于水上建平台周围以护栏干谓之后栏。"这种简易的临时住棚在西江流域沿岸地区常见。疍民的"水栏""栅"或"寮"也属于干栏式建筑。

西江河流为疍民提供了水上居住空间，而陆上居民由于土地有限，洪水频繁，水上空间也被利用。少数沿岸村民为仿照疍民的宅艇，在岸边或江面建水上浮屋，在竹排上搭盖竹木屋，水涨屋高，免去洪水上街浸屋搬家的烦恼。浮屋边常拴有一两只小艇作为交通工具。这些水上浮屋和疍民的宅艇组成独特的江面居民群落，史书上称之为"浮家泛宅"。另有吊脚屋建在沿江岸边，主屋建在岸边街上，后门支撑竹木搭一吊栏，相当于后阳台，用作水涨时小艇靠泊，方便下艇出江或上岸。这种形式多为疍家人而建，后来陆上村民在利用水上空间时也借用这一建筑形式。现在的西江梧州段沿江面房屋仍部分保留这种建筑风格，主屋建在街上，后门有砖石柱支撑建一阳台。《梧州市志》记载昔日西江沿岸处有一排排面街背河的房子，依傍倾斜的坡岸而建。坡下用砖柱或竹木条作为支撑，形成一种高脚架式的半凌空楼阁。为防止支撑的柱子不堪重负，故建材多取用板木竹子，房身为板木篱笆墙，房顶为竹瓦、杉皮瓦，地板以木板铺设，仍属贫困人家的蓬门荜户住房，但却在沿岸形成了较为整齐的"千家竹屋"景观。在20世纪40年代以前，繁荣的渡口与码头附近江面上还布有水上货栈、公用排筏、浮动码头甚至楼船酒舫，形成了独特的商业街市——水上街市，村民聚集江面以水取财，以江为市。

---

① 陈序经：《疍民的研究》，上海：商务印书馆1946年版，第180页。

第五节　云浮郁南的光仪大屋

郁南县位于西江河畔，水上交通便利，水路西通广西梧州，东达广东封开、德庆、肇庆、广州等地，县城都城镇为西江内河著名港口，明清及至民国时期经济繁盛。县境内保存的明清古宅多，有锦堂书室、性垣余公祠、陈公祠、光仪大屋、大夫第、李氏大宗祠、绿村李公祠、诚翁李公祠、象翁李公祠、峻峰李公祠、朱屋等古宅宗祠，规模宏大、建筑工艺精湛。其中光仪大屋以其强大的防匪防洪功能而备受关注。

光仪大屋位于南江河畔的西坝石桥头村，得名于创建者邱光仪，建于清朝嘉庆年间（1796—1820年），占地面积约6667平方米，被称为"广东第一大屋"。大屋的建造在民间流传一则与洪水相关的传说。相传有一年南江洪水淹没了东西两坝，卷走了村里所有的茅屋，邱光仪暗下决心建一座能避洪水的青砖大屋，以后洪水来时就不再担惊受怕。建成的大屋平面呈方形，共有房屋135间，屋前有宽大的晒谷坪，屋外围砌有高砖墙以防御匪盗，墙厚40～60厘米，高四五米。正面是大宅正屋，横向三间，中间为堂屋，两边为房间。正屋共有五进，每进之间均隔以天井，各进之间的地势为前低后高。正屋两边均有台阶通向各层及瓦面，两端砌有台阶状的垂基，屋脊砌成平直的砖基可供人行走。围墙有内通道，可供人通行、隐蔽及对外射击。围墙内通道及屋顶屋脊走道将整座大屋组建成为有机联系的军事防御体系。大屋还有极强的防洪功能。大屋的地势较低，每年易挨洪水浸淹。整座大门深嵌在墙体内，套有两扇奇厚的杉木门板，门高2.6米，宽1.25米，具有防火、防洪、防盗三大功能，为典型的"三重门"，大门上有三道闸槽，用来抵御洪水进屋。当洪水涨至1～2米时，将防洪木闸放下，并在闸间塞上泥土防止洪水从缝隙中浸透进来。一楼还设有蓄水池，池中安置水车，逢天降暴雨出现连阴雨内涝，雨水流入此池，水车将水车至二楼的水池中，楼房的多个楼梯处还设有木制抽水车装置，可将屋里的水抽排出屋外。在大屋内外出现外洪内涝时，在楼房的一楼、二楼结合部，设置了许多铁环，拴上备用的小船可供洪水时逃生之用。这一防洪措施在当时属全国首创。光仪大屋至今保存完好，是目前所知仅有的防洪兼防匪盗的古宅。

第六节　肇庆传统民居

　　受亚热带季风气候影响，肇庆夏季高温多雨。为适应这种潮湿、闷热、多雨的气候特点，当地的住房建筑必须做好通风与隔热等措施。如选择良好的朝向，采取利于通风的平面布局，对屋面和外墙进行隔热处理，以及对门窗等通风口的位置、大小、开启方式等。肇庆传统民居的主要类型有三间两廊、排屋、堂横屋三类。其中三间两廊作为广府村落最基本的民居形式遍布整个肇庆地区，更多地体现了肇庆民居的普遍特征。

　　以往的研究表示，三间两廊民居是古南越族本土的"干栏式"建筑受到移民带来汉文化影响后发展形成的民居形式，最早在汉朝已出现，广泛分布于珠三角和粤西地区。肇庆的三间两廊式民居主要以西江沿岸为空间集聚核心，作为广府核心圈层中的主流民居形态文化，有其深厚的历史和环境逻辑。一方面，三间两廊民居的天井式建筑平面布局适合岭南地区炎热潮湿的气候环境，民居组成的梳式布局村落对各种地形（如山地、丘陵、平原等）有较强的适应性，竖向设计上一般都是顺应地形，前低后高，便于排水。另一方面，广府民系一般是以核心家庭为基本单位，三间两廊民居有厅堂、卧室、厨房、储物、天井等房间，在功能和尺度上都能满足这种小规模的家庭结构，因此受到当时社会的广泛认同。

　　排屋和堂横屋式民居分别分布于肇庆东南部和西北部的小范围地区，两者的地理空间分布存在以下特征：一、分布在肇庆市域的边缘地区，而非中心的西江流域沿岸；二、分布范围较小，地理环境特征鲜明；三、空间密度大，存在明显的集聚中心。排屋式民居主要分布在高要水乡地区。在西江与北江汇合处的冲积平原上，有洼地、平原、丘陵、台地交错的复杂地形，而且地势低洼，洪涝灾害严重，当地居民根据地形因地制宜，把低洼的地方挖深为水塘养鱼，而水塘挖出的泥土堆在四周成为塘基，用以减轻水患，形成村落周边多为水塘环绕的状态。为了抵御洪水，村落建筑往往依靠地势较高的小山岗或小洲并沿等高线呈圈层式布置，形成了放射状的"八卦村"以及当地特有的居住模式。洪水线以下砌筑毛石的台基防止洪水；利用中间高四周低的地形，沿纵向放射道路旁设排水沟将雨水、洪水快速排走；村落周边一圈水塘调节洪水，兼有风水、蓄水、防御以及养鱼等多种功能。村中每户住房的多个功能房间分散在不同高程的几处排屋之中，有利于地势较低的民居被洪水淹之后，能搬迁到地势较高的民居居住。

堂横屋主要分布于怀集盆地和封开盆地，四面环山，地势相对平坦，是绥江上游各支流的交汇区，水网发达，土壤肥沃，易于耕作，粮食产量高，是当地的主要粮食产区。与客家民居类似，是广府文化与古老的中原文化融合而形成的。虽土地平坦肥沃，但远离政治经济文化的中心，且对外交通不便，形成一个相对封闭独立的地理空间。原住民为古百越族人，后有大量汉人移民迁入，因对新地区的开垦、适应以及安全的需要，聚族而居的生活方式更适合新移民。因此该地区保持向心围合式的"广府堂横屋"民居，与重视宗族、大家族聚集居住的生活方式相适应。

在多水的地理环境下，村落的发展与水密切相关，地区经济的迅速发展主要得益于密布的水网及近水的区位，移民主要沿水系迁徙，并在沿岸发展起来。村落民居也表现出浓厚的水文化特征，尤其是建筑装饰上的一些标志性元素都是亲水性文化的体现。如龙舟脊以龙船为原型，以纪念古人以舟楫为生的生活方式；博古脊采用抽象的夔龙纹饰，以表示对龙的图腾崇拜和对水的敬畏；镬耳山墙被称为鳌鱼墙，有"独占鳌头"之义，鳌属于水中神兽，而水能克火，体现出山墙的防火功能；建筑山墙、屋脊上常用黑色水草、草龙的纹饰，同样表达了人们对水的崇尚。

无论何种建筑样式，就传统的稻作文化族群而言，他们的生计方式在很大程度上由居住地的地理环境所决定，其住房模式以及聚落的布局也是与当地的自然地理条件相适应。西江流域中上游地区气候阴雨多变、潮湿多雾，而地多山地丘陵，地势高陡且时有山洪，八山一水一分田，耕地资源有限；下游地区水网密布，洪涝易发，可耕地不多，建房空间同样相对不足。干栏式建筑具有抵御虫兽、防潮防洪、节约耕地等诸多优势，自然成为流域地区适宜的建筑样式。无论骑楼、吊脚楼及疍民的浮家泛宅等，都可看作是干栏式建筑的不同变式，是西江流域各族群适应自然、利用自然而创造出来的文化成果。在北方文化的传入、定居生活对坚固建筑的需求及夯土技术的发展等各种因素的共同作用下，干栏式建筑逐渐衰落，但这一建筑样式所蕴含的习俗和建筑技术却通过其他方式得以保留。广西中部、西部山区的部分壮侗民族仍保留有干栏民居的传统及较多的本民族干栏的原始特征。尽管不再作为中国南方地区主流的建筑形式，但干栏式建筑仍为普通民众所认可和选择，而且还以其架空地板、榫卯技术等文化技术特征而得以向外传播并产生深远影响。

第六章　水与西江流域的生态保护习俗

　　水为生命之源，西江沿岸各民族对水的重要性及危害性的认知记忆塑造了水资源生态保护的自觉意识，对水资源的利用、保护与当地水土植被保护之间的密切关联有深刻的认识，并由此形成了多样化的生态习俗。

一、植被保护规约及习俗

（一）禁砍慎伐

　　黔桂地区住在高山的瑶族和侗族至今仍保留了一系列有关水土资源保持的习惯法。侗族《款规》中有禁止破坏地脉、森林或毁坏田塘、偷水截流等行为，并对违者处以重罚；绝对禁止砍伐"风水树"等条款。平地居民的住房通常建在前有山、后有水的地方，"后山"林木茂盛，严禁砍伐，并禁止到后山拾柴，尤其是女性上后山。若因建房砍柴等生活必需，砍伐树木前也要举行一定的仪式或信守某些禁忌，如瑶族砍树前要先焚香化纸祭祀山神，以获求山神的同意及保护；如果出门砍柴忘带砍伐工具或煮饭不熟，则需停工；进山后不能讲不吉利的话，不准大喊大叫；忌吹口哨和用口数数。桂平汉族在每年的首次砍伐前杀鸡祭拜祖先、社公，以保佑砍伐平安。砍倒第一棵树以前忌讲话；所用的斧头称为"开山"，不能直称为"斧子"或"斧头"，以求逢凶化吉。砍伐结束后摆席设宴，庆贺平安。西江流域的各少数民族，还存在祭拜社神的民间习俗，"社，地主也。"（《说文解字》）社是土地之神，其标志通常是茂盛的大树或一片丛林。敬重崇拜社神的地区，往往存在砍伐社树、社林，或破坏社石、社地（地脉）方面的禁忌。瑶族《石牌》中规定："六条讲完到七条，谁若黑心肠，肚藏刀，纵火在山，放火于沟，毁坏山场，破坏森林，他犯天法，他犯大罪。"隆回虎形山瑶族乡崇木凼村的"禁砍拾祖茔重地林木碑"，立于清光绪九年（1883 年），条约规定祖坟重地里的树木归全族人共有，除清明节可以捡些树枝用于为参加祭祀的人烧火做饭外，不得捡拾坟墓重地里的树枝，更不得砍伐树木，因此立碑"永远蓄禁"。

　　侗族靠山吃山，"我等地方山多田少，全赖杉木为生"，因此侗族植树造林、护林育林的意识非常强，并通过勒石刻碑形成定制，客观上形成了朴素的环保意识。黎平南泉山寺《公议禁止》碑，立于清道光八年（1828年），碑文记述公议禁止砍伐南泉山大小树木事。主要内容如下：一、三庵上下左右坟墓，听其拜扫，其有一切大小树木，日后子孙并众人、山僧等，永不许砍伐，违者送官究治；二、山中树木原以培植风水，不许砍伐，理应然也。倘借以建醮美举，必欲取山中柴木，以供炊爨，将来上元、中元、下元等醮，俱欲上山修建，此山中树木不几年而砍尽矣。请建醮者慎勿以酌。

　　侗族社会经济主要为农林经济，现存的许多碑刻中存在大量民间组织提倡环保的内容，如立于清康熙十一年（1672年）的从江高增寨款碑有相关条款："议砍伐山林，风水树木，不顾劝告，罚银三千文。"立于清嘉庆廿五年的《锦屏九南水口山植树护林碑》载："禁大木如有盗伐者，罚艮三两，招谢在外；禁周围水口树木，一栽之后，不许砍伐枝丫，如有犯者，罚艮五钱。"立于道光三十年（1850年）榕江冷里《禁条碑记》碑有："议不准砍伐生柴，若有乱砍败坏，日后查出，罚钱一千二百文。"立于咸丰十年（1860年）的从江县庆云《乡例碑》议定："议山坡、命脉、石、树附近，所系之处，自古封禁，毋许妄为警犯，陷毙地方。如违，百事产业一概充公。"天柱县坌处镇雅地村的《禁伐碑》："不许烧林，尚有违者，鸣鼓重罚二千六百四十四文。……胆敢违抗，捆送厅，按律究治，绝不容情。"这些碑刻，是侗族社会"靠山吃山、吃山养山"的环境生态反映，并以此实现人与自然和谐共生。

　　罗城仫佬族的1934年乡约规定，禁止在山林放火以防烧山，禁止入水源山乱行砍伐，偷取林木。武阳的乡约规定凡水源山内所有树木，只许取伐自然干柴，不准砍伐生柴或砍倒留干，且只准肩挑自用柴火，不准砍伐大帮柴火发卖谋利。

（二）种树造林

　　西江流域各民族对山、树等自然生态常持有敬畏之心，形成了禁砍慎伐的行为、语言等禁忌习俗，以及植树造林以祈人丁兴旺的风俗习惯。如壮族的"添丁种树"，生有小孩的家庭到山岭种植杉、松、桐、油茶等树，并精心护养长大，以期望孩子如树木般茁壮成长。每年春季，人们由有威望的老人带领植树，不参加者会受人谴责。

（三）资源的有效利用

水源为人们提供生产和生活用水，尤其在南方的稻作农业区，水源的充沛十分必要，对水源的合理有效利用成为当地人必需的生存智慧。西江流域各地的乡约民约都有保护林木、水源的规定。河流、池塘等公共水源，不许任意堵截，私自养鱼种菜。罗城仫佬族乡约规定，各坝水沟无论四季需供取充足的水来灌养禾苗庄稼，禁止在水坝等处私行撬挖截沟戽鱼。每年冬季农闲，流域内有些村寨要组织每家每户的青壮年对池塘清淤和疏浚河道。在传统农业时代，这些规约习俗是流域内的民众用各种方式优化生态环境的生存智慧，在很大程度上保持西江流域环境的原生性，维系了流域的可持续发展。

西江流域人们在享用充沛的自然资源的同时也注意资源利用要充分、有效、节约。有计划地使用有限的资源，避免浪费，保持自然资源的可再生性。大瑶山的瑶族砍伐柴薪实行山林划片的有计划砍伐规定，按户均分所砍柴薪，且每年分片轮换砍伐。砍伐时间在正月到清明之间。清明以后树木进入快速生长期，不准砍伐。砍后不准挖蔸、放火烧或锄地种植作物，以利树木再生长的生态循环。居住高山的仫佬族因山里无水而用水艰难，有《苦歌》唱道："垌里用水贵如油，一家洗脸共盆头，一盆清水三样用，洗脸洗脚又喂牛。"这一节约用水的习惯尽管是由于水资源的短缺而被动养成的，但实际上，在水资源丰富的平地壮、汉民族也有类似的习惯，如洗脸后的水用来洗脚，洗完脚后冲洗院子或倒进牲畜栏。对水资源等的循环利用缓解了生态的压力，是当地人们传统的生态智慧，为当下的环境治理提供了一定的借鉴和启示。

二、生育习俗

生态平衡指自然万物之间的良性平衡关系，其中与自然环境之间关系的平衡尤为重要。人口太多，超过自然环境的承受能力，将导致自然环境恶化，引发生存危机。西江流域的少数民族很早就有通过控制生育的习俗来达到人地比例的稳定与协调。与汉族"多子多福"的观念不同，金秀花篮瑶旧俗规定：每家每代只准留一对夫妇，每对夫妇只准留两个孩子，一个留在家里，一个嫁出去。因此，他们的家庭结构一般是"二二二"式，即一对夫妇只生育一对子女，赡养一对老人，很少有七口以上的家庭。每家生小孩，以一子一女为率，子娶女嫁，每家仍保持二人之平均数。传统社会时的瑶族夫妇都会由长辈暗授用中草药节育避孕。女孩待嫁前，母亲传与女儿避孕节育的方式。子女成家后，父母告诫子女最多生两个。"每个家庭每代只许有一对夫妇"这样的习俗，不仅在花篮瑶的"石碑"会议有过清晰的规定，并在其他瑶族民众中有广泛认同。"瑶山田地狭窄，难以抚养多人"是对瑶民一子一女的生育习俗的地方性解释。

第七章　结　语

近年来，流域文化的人类学研究开始成为热点，水的文化隐喻及其流域的区域性特征等内容被重点关注。作为一种自然资源，水在不同时期被不同地域的群体进行了多样化的解读，人们所赋予水的象征含义可能千差万别。对于不同的社会而言，水通常不是简单的自然物，而是具备了深层的文化性与社会性，其文化图式的建构方式及其主要内容也因地因人而异。水的文化性在地方性知识中存在着迥然不同的时空差异。从平时的生活用水到农业灌溉、江河治理甚至宗教祭祀、哲学隐喻等，不同的群体不断建构出千差万别的有关于水的社会文化意义。

水不仅是人类文明聚落形成的首要环境条件，更重要的是对水的利用和治理牵涉到的社会文化关联。水为文明的产生提供了必备的资源条件，而且水对于人类社会的意义不仅仅是生产和生活中必不可少的资源，其背后具有更为深远的文化和历史的含义，许多民族、国家等文化的共同记忆都与水有关。

水首先与人类文明、文化存在着紧密的关联。人类文明无一不是逐水而成。城市作为人类文明的大型聚落首先出现在大河流域，因为它能提供灌溉、饮用、运输等多方面的便利。水草丰美之地是人类文明的首选之址，文明因水而兴，也因缺水而衰落。

在原始文化研究中，水在许多民族社会中被视为具有不同神格的物体，并由此产生对水的崇拜。但在现代人眼中，水已由崇拜对象逐渐退化为"纯粹的自然物"，忽略了其人文内涵及其包含的更重要的社会构成因素。在农耕社会，水总是与人的生产、生活发生密切关系，并以水为媒介形成各种社会关系，具有远远超出自然物的复杂文化内涵。

丰厚的水资源能给地方社会带来繁荣鼎盛的水运经济，同样也产生因水而形成的独特聚落空间布局、生活方式、生计模式、习俗信仰等。现代社会，水作为资源的自然属性和作为商品的交易属性已成为绝大部分人所理解到的常识，但是与水相关的日常行为背后所隐藏的文化往往为人忽视。以水勾连的各种结构及关系应该得到更深层次上的研究与呈现。

区域研究，作为在社会科学概念体系中一个多学科合作的概念，其假定在一个大的地理范围内的文化、历史、语言诸方面具有某种一致性。流域文化研究在这种学术背景下的张力和价值逐渐显现，以实现文化整体观的研究推动其发展。流域，是具有特定意义的区域，是以河流为中心的人—地—水相互作用的自然—社会综合体。以水为纽带，将上中下游和左右岸的自然体和人类群体连接为一个不可分割的整体。流域集结了诸如生态、人口、资源、民族、族群关系等各方面的因素，从流域与人类文明关系的角度分析研究流域这个区域社会，"共饮一江水"的情感记忆与研究方法具有整体性视角的意义。

西江流域的丰水环境形塑出南方族群独特的文化类型——稻作文化，善种水稻，多吃水产，习水便舟，居住干栏，文身断发，龙蛇崇拜等。流域在族群分布、建筑特色、地方经济、习俗信仰、公共活动、地方灾害等方面均呈现了鲜明的地域特征。

附录：侗族碑刻资料（部分）

一、黎平南泉山寺《公议禁止》碑

南泉山寺《公议禁止》碑　清道光八年（1828年）六月十一日立，高79厘米，宽44厘米。碑文记述公议禁止砍伐南泉山大小树木事。

公议禁止

一　三庵上下左右坟墓，听其拜扫。其有一切大小树木，日后子孙并众人、山僧等，永不许砍伐。违者送官究治。

二　山中树木原以培植风水，不许砍伐，理应然也。倘借以建醮美举，必欲取山中柴木，以供炊爨，将来上元、中元、下元等醮，俱欲上山修建，此山中树木不几年而砍尽矣。请建醮者慎勿以醉。

天谢

地之美举，见小利而勿伤大体。阖城公立。

道光八年六月拾一日立

二、锦屏文斗"六禁"碑

文斗"六禁"碑　又名《名垂万古》碑，清乾隆三十八年（1773年）仲冬月（十一月）立，高126厘米，宽62厘米。碑文前为捐银人姓名及数额；后为六条众议禁约。

名垂万古（仅为可识部分）

众等公议条禁开列于左：

——禁不俱（拘）远近杉木，吾等□靠，不许大人小孩砍削，如违罚银十两；

——禁各甲之堠分落，日后颓坏者自己修补，不遵禁者，罚银五两，兴众修补留传子孙遵照；

——禁四至油山，不许乱伐乱捡，如违罚银五两；

——禁今后龙之堠，不许放六畜践踏，如违罚银三两修补；

——禁不许赶瘟猪牛进寨，恐有不法之徒宰杀，不遵禁者，众送官治罪；

——禁逐年放鸭，不许众妇女控前后左右坎膳（蟮），如违罚银三两。

三、锦屏九南水口山植树护林碑

　　《九南水口山植树护林碑》又名《□□思功》碑。清嘉庆二十五年（1820年）十一月十九日立，高100厘米，宽87厘米。碑文记述水口山素为林区，但因"放荡无阻"，被人盗砍乱伐，致使"古木凋残，财爻有缺"。民众捐山捐银，复种树木，并立下两条禁约。

□□思功

　　盖闻德不在□，亦不在小。书云"作善降之百祥"。岂能修于远而忽于近乎？我境水口，放荡无阻，古木凋残，财爻有缺。于是合乎人心捐买地界，复种树木。故栽者培之郁乎苍苍，而千峰叠嶂罗列于前，不使斧斤伐于其后，求为护卫，保障回环，岂曰小补之哉。是为序。

　　（以下为化首15人姓名，捐修12人姓名及捐山数量，略）

　　——禁大木如有盗伐者，罚艮三两，招谢在外；

　　——禁周围水口树木，一栽之后，不许砍伐枝丫，如有犯者，罚艮五钱。

嘉庆廿五年十一月一十九日良辰立

四、榕江冷里《禁条碑记》碑

《禁条碑记》碑，又名《冷里乡规》碑，清道光三十年（1850 年）七月初四立，高 167 厘米，宽 67 厘米。碑文记述严禁"窝藏贼匪""砍伐生柴""盗取山上根条、苞谷以及园内瓜茄蔬菜"，违者罚钱，或"送官处治"。

禁条碑记

盖闻古之仁里，家修恺悌，户尚睦□，所以教民数有言，民性匪彝之习，每由于骄。经过侈光五所，以迪风俗于当序术序之，中计饶裕之时，每患其彝行之多乖。盛世所以明礼议于辟雍钟鼓之内，既我等生逢晚世，身处隔岂，不期古人之盛事欲晃于今日哉。耐今之人心不古，不循本分，不守陈规，或倚势而辱善良，或特（恃）富而期（欺）穷因，或停留匪数而偷盗、赌博种种，不公不法，莫可胜数耳。爰是我南里寨，齐集耆老、头人、保甲人等，酌议曰与其祸乱于翼日，英（莫）若申禁于今日，欲逐身家之计者，必设一定之章程，始有利而无害，庶几地方靖，安乐可共享矣，岂不美哉！

爰得众议条例录烈（列）于左

——议禁正止匆（勿）内躬（穷）告富，匆（勿）论事大小，信依头人、保甲理解，不得一人抗傲不遵，尚有此情，众人细（捆）绑，同送官处治；

——议暗地分赃，情实可恶，若经查出，匆（勿）论亲束（疏），亦送官处治；

——议丢贼磕卖，油火其害，靡轻者，查出其人送官；

——议窝藏匪贼，日则聚赌饮酒，夜则内应引贼，偷盗地方家财、牛马、猪羊、干谷等项，拿获不得贪财卖放，如有等情，一同送官；

——议寨子内若遇强贼抢劫，不论张李之家，一闻喊叫，各持器械追逐，如盗得去财帛、牛马，不论三、五日，各带钱米毋累失主，尚不遵依众议，罚钱革除；

——议寨内禾谷，不论丰凶年发，概不准买（卖）出他乡外境，至于价市如直，丰年熙地方为例，一遇凶年，至乙千以下为限，倘悭吝高价不卖者，取讨送官；

——议寨大小人等，不妄自盗取山上根条、苍（仓）谷、以衣（及）茵（园）内瓜茄疏菜辛□（辣），与田内抢（捡）螺蛳，摸泥鳅，至于归

（妇）人小子不可乱敢（取），□尚敢乱摘乱取，公议罚钱二千二百文，此系初次警戒，若有再犯，众人送官；

——议不准砍伐生柴，若有乱砍败坏，日后查出，罚钱一千二百文；

——议外来亡街三（之）人，不论生死何人，山场与街巷、唐（塘）脚、屋堪（坎）、空评（坪），具系有关人命，若有此事，大家掩埋，仍有功德，母（毋）分尔我不前，如依同心众议，罚读革除；

——议行凶打伤人命者，身受身当，不干全寨之事，以上所设立章程条例，内为好事，原因我处贫富不斉，兼在强贼蜂起，兵夫揽扰，贫者之富之，富户犹不免夫役之若（苦）；

家无钱粮，何以应役，而富者违行,（无）粟谷盈仓，夫役无关（缺），高价卖出，而贫人有钱无菜，反舍近阁远，犹所虑者，水火、盗贼、凶荒，总关找等身家性命，若不书以章程条例限之。将来的保甲为长者，身家□何，不得已而公议条例以限之，盖地方请人亦返□为矣，岂好事哉！不得以也，谨此告之。

道光叁拾年七月初四　立

五、从江增冲《万古传名》碑

　　增冲《万古传名》碑，清康熙十一年（1672 年）七月初二日立。碑文记述议订的禁止偷盗、砍伐林木、通奸强奸、内外勾引、山场纠纷、生端行蛮，嫁祸于人、男女婚姻以及防火安全等规定。

万古传名

　　为尝闻思事以靖地方，朝廷有法律，乡□……俗，近年吾□……之中有好强过者，肆行无忌，□……民，凡事本依乡规，殊堪□……恨，是以约请父□……婚姻田土之事，遵依牌长理论，其有不请零请，□……况于横行，亦不得奔城具控，咬事情况，倘敢仍□……，罚肆强□者老不同心协力，有福同享，有祸同当，钱以犯同罪立此禁条，□列于后。

　　——议偷牛马，□拱壁，禾谷、鱼共罚钱十二千文□。

　　——议婚姻男女，男不愿女，女不愿男，出纹银八两（禾十二把）□一千把□，七百□文。

　　——议姑娘之项不得瞒算，或男丈夫和去银两算之。

　　——议男女坐月，身怀六甲，又一条强（奸妇女，嫁去丈夫）共出三千三百文赔理。

　　——议男女坐月，男出（良女出布为平）罚银一两四钱。

　　——议拐带，父母不愿，赔酒水十件，肉一□洗面，□母养女不要补钱。

　　——议山场杉木，各有分界，争论油锅为止。

　　——议卖田，不□将典作断，一卖百了，上田有粮无田之粮以后（记田有粮进油锅为）止。

　　——议横行天下，大事小事不得咬事具控。如有多事，□罚银五十二两。

　　——议引进油火，□项□共罚银二十四两整。

　　——议偷棉花、茶子，罚钱六千文，偷柴、瓜菜、割□罚钱一千二百文。

　　——议失火烧屋，自己之屋推火神，……临寨四五家、十余家，铜钱一千二百文，其失火烧坟墓亦同罚处。

　　捐资者姓名（略）

　　　　　　　　　　　　康熙十一年七月初二日立禁条为挂

六、从江高增寨款碑

高增寨款碑刻于清康熙十一年（1672 年）七月初三日。原碑已毁于1958 年，碑文由抄本中录出。

高增寨款碑

为尝闻施事以靖地方，朝廷有法律，乡党有禁条，所以端士俗。近年吾党之中，有好强过人者，肆行无忌，勾串油火，敲诈勒索，危害庶民，凡是不依寨规款法，殊堪痛恨。是以齐集诸父（老）于楼前议款，严设禁条。凡婚姻、田土、民情纠葛之事，遵以长辈理论，其有不清，另请乡正、团长理明，决不容横行无理，奔城具控，咬情生事。倘敢仍入前辙，众等严处。地方欲兴盛，长宜正、老宜公，树以良风正气。鼓楼共育人，族长教子孙，老少同协力，有福同享，有祸同当。倘有受贿作弊，贪赃违纪，与犯同罪。立此禁条，开列于后：

——议偷牛、马、猪、羊、鸡、鸭，与挖墙拱壁、盗窃禾谷、衣服银钱、放田摸鱼等，共罚银钱二千文；

——议砍伐山林，风水树木，不顾劝告，罚银三千文；

——议男女婚姻，男不愿女，女不愿男，出纹银八两八，钱一千七百五十文，禾十二把；

——议男女行歌坐月，身怀六甲有孕，强奸妇女，女方出嫁，男出钱三千三百文赔礼；

——议内勾外引，偷鸡摸狗，伙同劫抢，为非作歹者，退脏物外，罚银一两四钱，严重众议；

——议男女拐带，父母不愿，男方赔礼十千，肉一盘洗面。父母养女，不得补钱；

——议山场杉树，各有分界，若有争执，依据为凭。理论难清，油锅为止；

——议卖田作典，不得翻悔，将典作断，一卖百了，粮税随田，不能无田有税，有税无田（当为"无税有田"——录者注）宜各理清；

——议横行大小事，不得具控，如有生端行蛮，众等罚银五十二两；

——议进行油火，嫁祸与人等项，罚银二十四两整；

——议偷棉花、茶子，罚钱六千文整，偷堆柴、瓜菜、割蒿草，火烧或养牲践踏五谷，罚钱一千二百文整；

　　——议失火烧房，凡自烧己屋，惟推火神与"割汉"；若有烧寨，须用两个猪推送火殃；火苗蔓延他寨，猪两个外，又罚钱三百三十文，失火烧石坟雕墓者，亦同处罚。

康熙十一年七月初三立

七、从江庆云《乡例碑》

庆云《乡例碑》，清咸丰十年（1860 年）闰三月二十七日立，高 100 厘米，宽 70 厘米。碑文 535 字，记述云洞（今庆云）众议的七条款约。

乡例碑

为酌定规条以端风化事，窃思朝廷之所重者，祀典而礼乐之以兴；乡党之所贵者，规条庶几乃以不紊，若是乎规条之尚由来未久矣。今逢季世，人心不古，谋为之志，每见其无法无天，作事之机，安见其有仁有义。风俗固足以移人，人心不可挽乎？风俗是以梓里诸公厥修乃来遂立碑碣，所以约束人心，使贤愚皆纳身于轨物，虽不能恢宏先人之绪，亦俨然古之流风善政犹有存者。所有碑条，备陈于后。

——议山坡、命脉、石、树附近，所系之处，自古封禁，毋许妄为警犯，陷毙地方。如违，百事产业一概充公。

——议临终埋葬、修斋、设祭、举哀、戴孝分所当为，至宰冢繁华，不过掩生人之耳目，徒靡费银钱，今舍重从轻，诸亲吊丧答礼二斤。

——议二比联姻，接承宗祀，皆以媒妁为凭，男不许依势逼婚，女不许登门坐蛊。倘二比不偕，聪从改嫁，照俗碑记，毋许过索多金，未过门者五钱五分；过门者三两五钱。男女嫌怨，照例均皆如是。室妻不□妇道，所犯之条，休逐钱贰拾两，住及三年，无工力除此之外，洒扫工资每年一两，衣服从今革除。

——议买卖田业、山场、即卖即休，皆经文约为凭，毋许加敷栽粮苛虐等弊。如违，鸣鼓上众，自甘重究。

——议柴山各管各业，界限分明，毋许罩占砍伐柴薪□。如违，照例罚钱十二千文。

外批：指腹褴为婚，私禁银两不准此条。

——议不法之徒，三五成群，数十结党，朝夕游乡，串通油火，脱人衣裤，掳人财物，杀害无辜，牵人牛马，凌辱妇女，种种不法，轻则劓耳，重同大辟。

——议士、农、工、商，各安事业，如素行不端，各寨父兄指责交加，使伊回心向道，改恶从善，敦古道，殊多庆幸。

咸丰拾年岁次庚申闰三月二十七日立

参考文献

一、地方史志

[1]〔汉〕刘安. 淮南子[M]. 北京：中华书局，2009.

[2]〔南朝宋〕范晔. 后汉书[M]. 北京：中华书局，1965.

[3]〔唐〕刘恂. 岭表录异[M]. 北京：中华书局，1985.

[4]〔宋〕乐史. 太平寰宇记[M]. 清文渊阁《四库全书》补配古逸丛书本.

[5]张英，等编. 渊鉴类函[M]. 清文渊阁《四库全书》本.

[6]〔清〕陈伯陶. 东莞县志：宣统[M]. 1927 年东莞卖麻街养和书局印本.

[7]〔清〕李调元. 南越笔记[M]. 北京：中华书局，1985.

[8]〔清〕陈梦雷. 古今图书集成[M]. 北京：中华书局，1985.

[9]〔清〕谢启昆. 广西通志[M]. 南宁：广西人民出版社，1988.

[10]〔清〕屈大均. 广东新语[M]. 北京：中华书局，2006.

[11]〔清〕王炳坤修. 苍梧县志（同治版）[M]. 苍梧县志编撰委员会办公室编校，2010 年内部刊印本.

[12]陈序经. 昼民的研究[M]. 北京：商务印书馆，1946.

[13]王俊，杨奔主编. 柳州诗存[M]. 南宁：广西人民出版社，2009.

二、论文与著作

[1]安东尼·奥立佛-史密斯. 当代灾害和灾害人类学研究[J]. 陈梅，译，彭文斌，校. 思想战线，2015（4）.

[2]宾长初. 近代西江航运的发展及其对广西社会经济的影响[J]. 桂海论丛，1991（6）.

[3] 宾长初. 清代西江流域农村圩镇商业的量化研究——以广西戎圩为个案的考察[J]. 古今农业，2013（2）.

[4] 宾长初. 清代西江流域圩镇商业的个案考察——以广西大乌圩为对象[J]. 中国社会经济史研究，2015（1）.

[5] 曹雯. 山区农村聚落的布局与空间组织——以贵州西江千户苗寨为例[J]. 贵州民族研究，2011（1）.

[6] 陈福保，张平照. 西江渔具渔法概况[J]. 淡水渔业，1990（1）.

[7] 陈光良. 岭南疍民的经济文化类型探析[J]. 广西民族研究，2011（2）.

[8] 陈立新. 广州骑楼的起源、发展及骑楼文化的形成[J]. 工业建筑，2010（s1）.

[9] 陈润东，朱新永. 西江防洪减灾现状与对策[J]. 人民珠江，2006（5）.

[10] 陈贻琳. 可持续性：西江流域生态文化的本质特性[J]. 艺术科技，2013（10）.

[11] 陈勇佳. 西江沿岸渔民生活状况调查及提高渔民生活状况建议[J]. 广西水产科技，2011（4）.

[12] 邓芬. 南海千载堤围话史[J]. 广东史志，2000（3）.

[13] 范玉春. 马援崇拜的地理分布：以伏波庙为视角[J]. 广西师范大学学报（哲学社会科学版），2007（3）.

[14] 甘富万，胡秀英，刘欣，黄永俊. 广西境内西江流域洪水特性分析[J]. 广西大学学报：自然科学版，2015（1）.

[15] 郭盛晖，司徒尚纪. 农业文化遗产视角下珠三角桑基鱼塘的价值及保护利用[J]. 热带地理，2010（4）.

[16] 过伟. 广西西江流域民族文化资源的保护与开发[J]. 玉林师范学院学报（哲学社会科学），2005（1）.

[17] 何方耀，胡巧利. 岭南古代民间信仰初探[J]. 广东社会科学，2002（6）.

[18] 何家祥. 农耕他者的制造——重新审视广东"疍民歧视"[J]. 思想战线，2005（5）.

[19] 何慕华. 岭南水神信仰与水神文化初探[J]. 广州文博，2012.

[20] 胡波. 生态环境挤压下的疍民——以珠江三角洲地区为中心[J]. 史

林，2014（6）.

[21] 黄启臣. 明清珠江三角洲"桑基鱼塘"发展之缘由[J]. 中国生物学史暨农学史学术讨论会论文集. 2003（6）.

[22] 黄淑贤. 西江文化与习俗[J]. 广西地方志，2006（3）.

[23] 黄新美. 珠江流域水上居民的历史与现状[J]. 岭南文史，1995（4）.

[24] 黄韵诗. 广佛肇神诞庙会民俗考释——以南海神庙波罗诞、佛山北帝诞及悦城龙母诞为例[J]. 西南农业大学学报（社会科学版）. 2013（8）.

[25] 冀满红，吕霞. 略论明清时期广东地区的真武信仰[J]. 暨南学报（哲学社会科学版），2008（5）.

[26] 江林源，黄光华，杨红，黄达华. 长洲区渔业概况及发展思路[J]. 广西水产科技，2004（1）.

[27] 赖作莲. 论明清珠江三角洲桑基鱼塘的发展[J]. 农业考古，2003（1）.

[28] 黎琼炜，覃卫坚，高安宁. 1961—2013 年广西洪涝灾害时空分布特征及成因[J]. 气象研究与应用，2015（1）.

[29] 李睿. 西江流域传统村落形态的类型学研究[D]. 华南理工大学硕士学位论文，2014.

[30] 李小艳. 论佛山的水神崇拜[J]. 忻州师范学院学报，2008（3）.

[31] 李永祥. 论灾害人类学的研究方法[J]. 民族研究，2013（5）.

[32] 李云端. 历史时期疍民地域分布与职业构成初探[J]. 兰台世界，2014（4下）

[33] 梁新堂. 17 至 20 世纪广西大乌圩研究[D]. 广西师范大学硕士学位论文，2012.

[34] 刘复兴. 化州水上居民的婚丧习俗[J]. 民俗研究，1990（3）.

[35] 刘添荣，邓伟兴，许梓晓，林建志. 珠江流域西江下游渔业现状调查与分析[J]. 中国渔业经济，2008（2）.

[36] 刘永安，刘庭风. 少数民族村寨风景打造及保护研究——以西江千户苗寨为例[J]. 贵州民族研究，2015（4）.

[37] 罗莉. 清代西江下游生态环境问题述略[J]. 学术论坛，2014（1）.

[38] 梅莉. 真武信仰研究综述[J]. 宗教学研究，2005（3）.

[39] 农祥亮. 广西壮族与云南傣族"干栏"民居比较研究[J]. 广西民族学院学报（哲学社会科学版），2005（2）.

[40] 彭丽君，肖大威，陶金. 核心文化圈层中民居形态文化分异初探[J]. 南方建筑，2016（1）.

[41] 彭丽君. 基于文化地理学的肇庆市传统村落及民居研究[D]. 华南理工大学硕士学位论文，2015.

[42] 亓文飞. 西江下游流域传统民居建筑形式研究[D]. 华南理工大学硕士学位论文，2013.

[43] 秦璞，徐杰舜. 河凳——梧州水上居民考察（上、下）[J]. 广西右江民族师专学报，2005（2）.

[44] 秦璞. 梧州水上居民生存状态浅析[A]. 人类学高级论坛 2004 卷.

[45] 尚澎，沈飞宇，孙友富. 贵州苗寨吊脚楼的发展与演变——以西江千户苗寨为例[J]. 设计，2015（8）.

[46] 申扶民. 西江流域水神崇拜文化的生态根源——以蛙崇拜与蛇—龙母崇拜为例[J]. 哈尔滨工业大学学报（社会科学版），2013（6）.

[47] 申扶民，滕志朋，刘长荣. 广西西江流域生态文化研究[J]. 中国社会科学出版社，2015 年.

[48] 申小红. 从私祀到官祀：明代佛山北帝信仰的地方性与正统化考察[J]. 西华大学学报（哲学社会科学版），2011（4）.

[49] 申小红. 佛山北帝显圣传说及其文本形象[J]. 佛山科学技术学院学报（社会科学版），2014（4）.

[50] 石拓. 中国南方干栏及其变迁研究[D]. 华南理工大学博士学位论文，2013.

[51] 宋永忠. 论新式交往工具与民族地区经济社会之嬗变——以近代西江水系轮船运输发展为视角[J]. 广西地方志，2007（6）.

[52] 唐孝祥. 近代岭南建筑文化总体特征[J]. 小城镇建设，2001（11）.

[53] 滕兰花，袁丽红. 清代岭南地区伏波庙地理分布与历史记忆[J]. 广西民族研究，2008（2）.

[54] 滕兰花. 从广西骑楼的地理分布透视两广地缘经济关系[J]. 西南边疆民族研究，2010（2）.

[55] 滕兰花. 国家认同的隐喻：广西左江流域伏波信仰与班夫人信仰共存现象探析——广西伏波信仰研究系列之一[J]. 广西民族研究，（2010（3）.

[56] 滕兰花. 近代广西骑楼的地理分布及其原因探析[J]. 中国地方志，2008（10）.

[57] 滕志朋. 西江流域生态文化及其对当代生态文明建设的启示[J]. 玉林师范学院学报（哲学社会科学），2014（16）.

[58] 田阡. 流域研究：人类学的张力和价值[N]. 文汇报，2016 年 5 月 20 日第 W08 版.

[59] 王晶. 北帝信仰下的宗教心理探究——以佛山祖庙北帝崇拜为例[A]. 2014 年 7 月民俗非遗研讨会论文集.

[60] 王群韬. 明代桂林府真武信仰与崇祀研究[J]. 社会科学家，2015（11）.

[61] 王文棋，拜盖宇. 基于湿热气候环境下的广州民居形式研究[J]. 中外建筑，2014（8）.

[62] 王元林. 明清伏波神信仰地理新探[J]. 广西民族研究，2010（2）.

[63] 韦福，江日青. 从江口镇的兴盛看西江航运的历史作用——兼论西江航运在西部大开发中的现实意义[J]. 河池师专学报（社会科学版），2001（3）.

[64] 韦熙强. 试论壮侗民族民居文化中的科学因素——壮侗民族民居文化研究之一[J]. 广西民族研究，2002（2）.

[65] 魏兴琥，王海，刁华涛. 佛山市顺德区基塘农业模式的演变与发展潜力[J]. 佛山科学技术学院学报（自然科学版），2011（5）.

[66] 吴庆洲. 防洪防匪的大宅——光仪大屋[J]. 小城镇建设，2001（6）.

[67] 吴庆洲. 两广建筑避水灾之调查研究[J]. 华南工学院学报，1983（2）.

[68] 吴水田，陈平平. 广东疍民服饰文化景观的"亲水"个性及其演变[J]. 广州大学学报（社会科学版），2013（7）.

[69] 吴水田，陈平平. 岭南疍民"亲水"崇拜的空间特征及其演变[J]. 农业考古，2016（1）.

[70] 吴水田，陈平平. 岭南疍民饮食文化及其旅游开发初探[J]. 商业经

济，2014（12）.

[71] 吴水田，司徒尚纪. 岭南疍民舟居和建筑文化景观研究[J]. 热带地理，2011（5）.

[72] 吴韬，梁武波. 梧州骑楼与骑楼文化的延续[J]. 南方建筑，2006（6）.

[73] 熊伟. 广西传统乡土建筑文化研究[D]. 华南理工大学博士学位论文，2012.

[74] 徐杰舜，韦小鹏. 疍民：创造水上文明的族群[A]. 人类学与江河文明——人类学高级论坛 2013 卷.

[75] 徐莉莉. 全球化视角下多元共生的西江流域族群文化[J]. 梧州学院学报，2010（2）.

[76] 许桂灵. 广州水文化景观及其意义[J]. 热带地理，2009（2）.

[77] 杨丽. 吊脚楼民居的解读——以黔东南凯里市西江千户苗寨为例[J]. 住宅科技，2011（11）.

[78] 杨东辉. 基于防洪排涝的珠三角传统村落水系空间形态研究[D]. 哈尔滨工业大学学报，2015.

[79] 叶春生. 广东水神溯源[J]. 学术研究，2012（3）.

[80] 叶春生. 龙母传说与民间传统的关系[J]. 学术研究，2005（8）.

[81] 叶显恩，周兆晴. 桑基鱼塘，生态农业的典范[J]. 珠江经济，2008（7）.

[82] 叶显恩. 广东古代水上交通运输的几个问题[J]. 广东社会科学，1988（1）.

[83] 易源. 古代西江的货运[J]. 人民珠江，1994（6）.

[84] 赵晨，童鲲. 古代西江的航运经济[J]. 中国海事，2014（10）.

[85] 赵冶. 广西壮族传统聚落及民居研究[D]. 华南理工大学博士学位论文，2012.

[86] 肇庆宋城墙：历史上防水患多于御敌[J]. 珠江水运，2011（23）.

[87] 郑维宽. 明清时期岭南三界神信仰考论[J]. 岭南文史，2008（2）.

[88] 周莉华. 顺德桑基鱼塘叙事与记忆的社会空间[J]. 文化遗产，2015（4）.

[89] 周晴. 传统时代南海九江的鱼苗养殖业与桑基鱼塘[J]. 古今农业，

2012（4）.

[90] 周彝馨，吕唐军．聚落形态演变与防洪功能变化的关系——以广东高要地区为例[J]．地理研究，2014（3）.

[91] 朱伯强．广州西关民居建筑——西关大屋、骑楼和茶楼建筑[J]．中外建筑，2002（6）.

后 记

　　本书的成书初衷与"水"的研究主题相关，并尝试以水土互动角度来理解中国乡土社会。限于自身学识浅陋，该主题未能得以深度展开，但对水的研究兴趣一直不减。本书的创作过程得益于肇庆学院"西江历史文化研究中心"的研究设计，赵克生院长、张意柳老师及研究中心的其他老师。他们为"西江流域水文化研究"课题的顺利立项与后续研究提供了许多便利和支持，在此表示诚挚的谢意。尤其是张意柳老师，时常关心项目的进展，为我提供了文献资料、经费管理等多方面的帮助，再次表示感谢。肖起清教授工作繁忙，但也不时关注我的项目进度；冯爱军老师为我耐心解答学校的项目管理制度，这些关怀与帮助都令我谨记于心。

　　书稿的完成，要感谢各位学者的启发，除了文献中所列举的研究成果，其他未能一一呈现，但思想灵感与火花对本书的贡献不可或缺。文中图片，除自己的田野拍摄外，来自专家学者们的学术成果、政府门户网站、相关的地方网站及个人博客等，未能全部列出，唯有谨致谢意。书稿仓促而就，难免错漏，因个人疏漏未能及时注明的，及不够严谨之处，敬请给予指正和包容。

作　者
2018 年 12 月